W0035181

GOLDMANN
Lesen erleben

Buch

Wollten Sie es sich schon immer mal etwas leichter machen? Dann bekommen Sie die volle Unterstützung von Stephanie Schneider. Werfen
Sie unnötigen Perfektionismus über Bord: Jeder von uns hat seine kleinen Macken. Hier kommen ungewöhnliche Beziehungstipps für alle, die
gern darauf verzichten, am Ende eines ausgefüllten 10-Stunden-Tages
noch angestrengt an ihrer Partnerschaft zu arbeiten.
Stephanie Schneider rät: Streichen Sie die Beziehungsarbeit aus Ihrem
Wortschatz. Arbeiten Sie, wenn Sie mögen, an Ihrer Figur oder einer
spielstarken Rückhand, aber gönnen Sie Ihrem Liebesleben vor allem
Leichtigkeit. Oder gönnen Sie sich wenigstens dieses Buch – Schmunzel-
effekt inklusive!

Autorin

Stephanie Schneider, geboren 1972, arbeitet als freie Journalistin und
Autorin und lebt mit ihrer Familie in Hannover. Jahrelang schrieb sie in
ihrer Kolumne »Pampers statt Palmen« hauptsächlich über Erziehungs-
themen. Doch dann dachte sie sich: »Wenn es nach so langer Zeit immer
noch so leicht ist, muss es ja Liebe sein« und heiratete nach zehn Jahren Partnerschaft den Vater ihrer beiden Töchter. Stoff für neue Alltags-
beobachtungen, die nicht nur Eltern gern lesen.
www.stephanie-schneider.de

Von der Autorin außerdem im Programm

Warum Mama eine rosa Handtasche braucht (16978)
Auf nach Cappuccino! (17285)

Stephanie Schneider

Wenn es leicht ist, ist es Liebe

Betriebsanleitung für ein Leben zu zweit

GOLDMANN

Dieser Band ist unter der Nummer 17139 bereits im Goldmann Verlag erschienen.

Die Ratschläge in diesem Buch wurden von der Autorin und vom Verlag sorgfältig erwogen und geprüft, dennoch kann eine Garantie nicht übernommen werden. Eine Haftung der Autorin bzw. des Verlags und seiner Beauftragten für Personen-, Sach- und Vermögensschäden ist ausgeschlossen.

Verlagsgruppe Random House FSC® N001967
Das für dieses Buch verwendete FSC®-zertifizierte Papier *Classic 95*
liefert Stora Enso, Finnland.

1. Auflage
Ungekürzte Taschenbuchausgabe Mai 2014
Wilhelm Goldmann Verlag, München,
in der Verlagsgruppe Random House GmbH
© 2007 Kösel Verlag, München,
in der Verlagsgruppe Random House GmbH
Illustrationen: Angelika Ullmann
Umschlaggestaltung: Uno Werbeagentur, München
Satz: Uhl + Massopust, Aalen
Druck und Bindung: GGP Media GmbH, Pößneck
BK · Herstellung: IH
Printed in Germany
ISBN 978-3-442-17475-1
www.goldmann-verlag.de

Besuchen Sie den Goldmann Verlag im Netz

Inhalt

Vorwort

Eigentlich will ich Michael Ballack. Allerdings müsste er vorher noch seine Frau und den FC Chelsea verlassen. Und man weiß ja, so etwas kann dauern. Deshalb bin ich stattdessen mit Jens zusammen. Er liegt nebenan in der Badewanne und singt. Ist er der Richtige, ist er derjenige, welcher...? Versteckt sich dort unter Bergen von Seifenschaum jener Held, von dem ich mit Pickeln und Zahnspange träumte und der mich noch zur Anpassung meiner Zahnprothese treu begleiten wird?

Franka sagt, bei *den* Klamotten würde sie Jens nicht einmal geschenkt nehmen. Das trifft sich gut, ich würde ihn nämlich auch nicht hergeben. Und wenn ich nicht genau wüsste, dass ihre penetrante Ehrlichkeit ein Zeichen tiefster Freundschaft zu mir ist, würde sie zukünftig nicht mal mehr die Werbegutscheine aus dem Stadtmagazin von mir kriegen.

Meine Freundin mag spezielle ästhetische Ansprüche haben, ich aber habe einen Mann. Wenn man von seiner Bandscheibe und seinem Hang zu ausschweifenden tagespolitischen Statements mal absieht, nicht den Schlechtesten. Jens erfüllt so ziemlich alles, wonach sich eine Frau meines Formats sehnt.

Weder der »Tatort« noch das draußen wütende Unwetter halten ihn davon ab, mir nach einem anstrengenden Tag einen Döner zu holen. Er ist nett zu meiner besten Freundin, diplomatisch zur Vermieterin, und wenn er seine Computerzeitschrift aus dem Wohnzimmer holt, in dem ich gerade »meine Serie« gucke, dann zieht er überhaupt gar kein bisschen die Augenbrauen hoch. Und was noch wichtiger ist: Er verlässt mich und die gemeinsame Wohnung nicht fluchtartig, nur weil der Klarspüler in der Spülmaschine nachgefüllt werden muss oder ich ihn in einem Anfall von prämenstruellem Wahn mit Vorwürfen und leeren Kekspackungen bombardiere.

Doch wie wird das in ein paar Jahren zwischen uns aussehen? Mittlerweile bin ich alt genug, um zu wissen, dass es leichter ist, mit der Hollywood-Diät dauerhaft abzunehmen, als eine Beziehung am Laufen zu halten. Rund um mich herum trennen sich die Paare oder schweigen sich betont über ihre Langzeitbeziehungen aus. Keine Ahnung, ob man seine Ehe annullieren lassen kann, nur weil man drei Tage nach der Hochzeit feststellt, dass der andere den Klodeckel oben lässt. Eines aber weiß ich sicher:

So einen wie Jens muss man sich warmhalten. Nur wie?

Immer wenn ich etwas wirklich Wichtiges wissen will, dann frage ich meine besten Freunde. So war es schon zu Zeiten der unangekündigten Mathetests. Aber wie ist das im Kampf gegen die Beziehungsroutine? Sind sie da kompetent? Verstehen sie genügend von Tierpflege, um die Schmetterlinge im Bauch lebendig zu erhalten?

Meine beste Freundin **Franka** hat zumindest kein Problem mit der Routine. Sie lässt es erst gar nicht so weit kommen. Wenn ich mit ihr in die Sauna gehe, erzählt sie mir ihre neuesten Märchen aus 1001 Nacht. Eigentlich will sie schon eine feste Beziehung, aber sobald ein Mann ernsthaftes Interesse bekundet, wird sie nervös und gibt Mister Perfect den Laufpass. Alles in allem ist Franka ebenso unterhaltsam wie ungebunden.

Mein alter Kumpel **Cord** dümpelt ebenfalls nur so rum. Ich bezweifle eh, ob es gut ist, mich in Liebesdingen von jemandem beraten zu lassen, dessen Name mich an die Hosen meines Erdkundelehrers erinnert. Cord mag die Frauen sehr. Zumindest solange die holden Weiblichkeiten eine After-Work-Party und den anschließenden Ausflug in seine Wohnung nicht mit einem Heiratsantrag verwechseln. Das Interesse an festen Bindungen beschränkt er allerdings auf seine Skistiefel. Er hat schöne Augen, aber ehrlich gesagt wenig Talent für Valentinsgeschenke und produktives Streiten.

Und dann ist da noch **Jojo**. Böse Zungen behaupten, sie hätte ihren Spitznamen, weil sie sich erst wohlfühlt, wenn sie an der Leine eines anderen tanzen kann. Wenn sie nicht gerade Rosamunde-Pilcher-Filme guckt oder Sachen bei Ebay einstellt, bespricht sie mit ihrem Basti den Speiseplan der nächsten Woche. Von Beständigkeit versteht sie viel. Da könnte ich mir gerne eine Scheibe abschneiden, schließlich hat sie mehr als genug davon. Nichts gegen Rosamunde Pilcher, aber wenn ich Jojo so sehe, bin ich mir nicht sicher, ob es das ist, was ich will. Ist es unausweichlich, dass ich die nächste Tupperparty irgendwann für den Höhepunkt des Jahres halte, nur weil ich meine Partner nicht so rasch wie meine elektrischen Zahnbürstenköpfe wechseln will?

Eigentlich frage ich mich, warum ausgerechnet diese Menschen mit mir befreundet sind. Just in puncto »Liebe« verbindet sie weniger als Goethes »Werther« mit der Hamburger Kampfhundeverordnung. Was sie allerdings eint, ist die gemeinsame Vorliebe für Frühstücksbuffets und die stets aufs Neue diskutierte Frage: Welches sind die verbindlichen Regeln für ein ebenso freudvolles wie dauerhaftes Miteinander zwischen Mann und Frau?

»Es kann doch nicht sein, dass man heute ein abgeschlossenes Psychologiestudium braucht, um glücklich verliebt zu bleiben, oder?«, sagt Jojo. »Andererseits steht das Thema ›Beziehungsarbeit‹ noch immer hoch im Kurs. Selbst Wilhelm, der Lebensgefährte meiner Mutter, schmeißt bei jeder Gelegenheit mit diesem Ausdruck um sich, und zwar in einem Ton, als verkündete er an einem Montagmorgen mit schneidender Stimme: ›Setzt euch und holt eure Füllfederhalter raus, wir schreiben eine Beziehungsarbeit.‹« Jojo schüttelt sich.

Nein, wenn es Liebe sei, dann müsse es sich leicht anfühlen, sagt sie, und ich muss meiner Freundin recht geben. Schließlich soll der andere doch ein Lichtblick sein, der uns die Widrigkeiten des Alltags erleichtert, statt zusätzliche Disziplin und Energie von uns zu fordern, oder?

Umgekehrt heißt das:

Nur wenn es leicht ist, ist es Liebe.

»Dieses Bild von der mystischen Liebe nach Tristan und Isolde passt nun mal nicht mehr«, sagt Cord. »Heute gehen Paare gemeinsam zur Kosmetikerin und lesen Bücher über Selbstverwirklichung. Für stille Opferbereitschaft sind wir mittlerweile einfach zu weit entwickelt.«

Schließlich sind wir es gewohnt, hart für unsere Er-

folge zu arbeiten. Selbst die Ausrichtung der Wohn-
zimmercouch überlassen wir lieber dem Feng-Shui-Be-
rater als dem Zufall. Und ausgerechnet die Liebe soll
uns jetzt einfach so in den Schoß fallen?

»Warum eigentlich nicht? Die große Liebe ist schließlich keine Zahnpastatube, aus der man versucht, möglichst viel rauszuholen«, sagt Jojo.

Aber gibt es so etwas wirklich, eine Gebrauchsanwei-
sung für die spontane Leichtigkeit? Ist das nicht schon
ein Widerspruch an sich?

»Solche Beziehungsregeln kenne ich nicht«, stelle ich
entschieden fest.

»Dann müssen wir halt danach suchen«, verkündet
Franka und winkt dem netten jungen Mann hinter dem
Tresen.

Der Kampf um die Fernbedienung

Schaffen Sie Gemeinsamkeiten

Bei den Eiern hört der Spaß auf

Die beste Gelegenheit, um mit Freunden über die Liebe zu sprechen, ist das Frühstücksbuffet im »Café Lasalle«. Kaum sitzen wir vor unserem Milchkaffee, bringe ich das Thema zur Sprache.

»Jens ist halt immer so gereizt in den letzten Wochen. Die meiste Zeit sitzt er vor dem Fernseher, und gestern hat er mir sogar Vorwürfe gemacht, weil ich sein Frühstücksei zwei Minuten zu spät aus dem Topf genommen habe.«

»Ja, wenn es um ihre Eier geht, sind Männer empfindlich«, sagt Franka und schiebt sich eine Scheibe Knoblauchsalami in den Mund.

»Was würdet ihr denn an meiner Stelle tun?«, frage ich in die Runde.

»Ich würde sie ganz langsam weich kochen!«, sagt Jojo.

»Rechtzeitig abschrecken«, rät Franka mir. »Und schlag ihnen den Kopf ab, solange sie noch heiß sind!«

»Sagt mal, wovon sprecht ihr eigentlich?«, will ich wissen, doch statt einer Antwort kommt Cord an unseren Tisch. Ein Blick in mein Gesicht genügt ihm: »Was ist? Hat Hannover 96 schon wieder verloren?«

»Franka und Jojo beraten mich gerade zum Thema Männer. Ich mache mir Sorgen, dass Jens und ich uns auseinandergelebt haben könnten. Was denkst du?«

»Ist es denn was Ernstes mit euch?«

»Natürlich, das weißt du doch längst!«

»Siehst du. Da liegt das Problem. Wer braucht in diesen Zeiten schon schwere Kost? Wenn ich etwas Ernstes will, dann schalte ich die ›Tagesschau‹ ein oder lass meine Leberwerte untersuchen. Mit der Frau meiner Träume aber will ich Leidenschaft, Spaß und Wasserschlachten in rosa Badeschaum.«

Jojo widerspricht ihm. »Nimm es mir nicht übel, Cord, aber außerhalb der Skipiste bist du wohl kaum der Experte unter uns, wenn es ums Thema Ausdauer geht. Deine längste Beziehung war doch die zu deiner Kawasaki.«

»Trotzdem. Falls mir irgendwann die Liebe meines Lebens begegnet, dann möchte ich sie auch nach zehn Jahren noch zum Lachen bringen, statt mich nur noch darüber zu freuen, dass sie sich gut auf der Steuerkarte macht.« Sagt's und zwinkert mir zu.

Cord hat ja recht. Zwar funktioniert die Beziehung zwischen Jens und mir so effektiv und eingespielt, dass sie gute Chancen hat, demnächst den »Deutschen Unter-

nehmerpreis« zu bekommen. Aber ist »Funktionieren«
das, was wir uns von unserem gemeinsamen Leben er-
träumt haben? Ging es nicht vielmehr um Herzklopfen
und verliebte Höhenflüge?

Die erste gemeinsame Nacht habe ich mit Jens in
einem defekten ICE auf freier Strecke kurz vor Magde-
burg verbracht. Ich dachte: »Toll, mit diesem Mann
würde selbst eine Asbestsanierung zum Abenteuer.«
Jetzt aber stelle ich fest:

Bei den Eiern hört der Spaß auf.

Das muss sich ändern. Damals auf dem Campingplatz
in Schweden haben wir uns geschworen: »Bis in alle
Ewigkeit...« Und jetzt sollte es schon so weit gekommen sein, dass wir uns wegen zwei Minuten in die
Haare kriegen?

»Cord«, sage ich, »du hast völlig recht. Ab heute
werde ich den Spaß in meiner Beziehung ernst nehmen.«

»Na, dann viel Vergnügen«, grinst er und greift beherzt zum Croissant. »Und wenn du Hilfe brauchst,
dann sag Bescheid.«

Setzen Sie auf Nutella

Meine guten Vorsätze in die Tat umzusetzen ist leichter gesagt als getan. Die Australienrundreise können Jens und ich uns nicht leisten, und fürs Bungeespringen bräuchten wir in der Südstadt erst mal eine vernünftige Steilküste. Aber für eine gute Pizza Hawaii im Strandbad reicht es allemal, und so sitzen Jens und ich an unserem zehnten Jahrestag im Sand, und die fettigen Finger glänzen mit den Augen um die Wette.

Mit Essen habe ich gute Erfahrungen gemacht. Schon meinen ersten Kuss bekam ich auf dem Steinfelder Schützenfest zwischen einer Currywurst und einer großen Pommes mit Mayo. Mit meinem Freund Andy habe ich mich gestritten, wenn ich ein Versöhnungsmahl bei meinem Lieblingsmexikaner wollte, und gerne erinnere ich mich an die Zeit mit Jürgen, als wir samstags eng umschlungen über den Wochenmarkt schlenderten, um ein paar wohlgeratene Zucchini zu kaufen:

Essen hält Leib und Seele zusammen.

Und Katja und Klaus. Und Thomas und Svenja. Sie alle kennen die magischen Kräfte der Kalorien. Vielleicht erinnern Sie sich noch an das eine oder andere lieblose Essen, auf das Sie zu allem Übel auch noch ewig warten mussten. Umgekehrt aber gibt es keine Liebe, die über einen flüchtigen One-Night-Stand hinausgeht, in der nicht auch ab und an etwas gegessen wird.

Essen vertreibt die Langeweile. Es bietet Jens und mir ein gemeinsames Gesprächsthema, und mein Mann bekommt endlich mal die Zähne auseinander, und sei es auch nur für ein Stück Marzipanschokolade. Egal, ob mein Liebster und ich in den letzten Jahren auf Nutella setzten, auf einen gedeckten Apfelkuchen oder auf Forellenfilets – Hauptsache, wir haben das Essen nicht vernachlässigt. Uns mit einem Teller Spaghetti in Olivenöl gemeinsam ins Bett zu verkrümeln, um von dort den »Grand Prix der Volksmusik« zu schauen, das sind Momente, die uns beide wirklich verbinden.

Nur meine Freundin Jojo besteht darauf, dass ihre Beziehung zu Basti höheren Werten unterworfen sei. Ich weiß allerdings nicht, ob ich die Einwände einer Frau ernst nehmen kann, die so viel wiegt wie andere am Ende der vierten Klasse und die ihrem Mann jeden Morgen noch schnell ein Milky Way mit in die Brotdose steckt.

»Ich bin doch keine Meise, der das Männchen nur einen fetten Regenwurm vor den Schnabel zu halten braucht, und schwupp, schon sagt sie: ›Das ist aber mal ein Argument!‹, und flattert mit ihm ins nächste Gebüsch«, nörgelt sie und nimmt sich noch vom Erdbeerkuchen. »Essen als Problemlöser, das ist mir zu billig.« Zu billig?! Wann, bitte schön, hat Jojo zum letzten Mal registriert, was der Einzelhandel mittlerweile für zehn Scheiben Schnittkäse verlangt?

»Stell dir vor«, versuche ich sie zu überzeugen, »du kommst nach einer vierstündigen Teambesprechung aus dem Büro. Dein Mann säuselt wahlweise: ›Soll ich dir den Auflauf warm machen?‹, oder ›Komm, ich les dir aus der neuen Tucholsky-Edition vor, damit du auf andere Gedanken kommst!‹ Da setzt sich doch der Selbsterhaltungstrieb durch, oder?«

Essen gehört zu den oft verkannten ehelichen Pflichten. Geistige Nahrung hingegen stört meistens nur, denn in der Regel schenkt Ihnen ein mitternächtliches Tiramisu mehr Zufriedenheit als der vorangegangene Theaterbesuch mit den Schwiegereltern.

Hören Sie in Liebesdingen einfach auf Ihren Bauch. Spätestens wenn Ihnen ein Mann sein Herz zu Füßen und das gegrillte Seelachsfilet auf den Teller legt, werden Sie wissen, ob Sie ihn lieben.

Halten Sie sich gelegentlich im gleichen Raum auf

Wenn ich Jörg und Andrea beobachte, dann habe ich manchmal den Eindruck, sie setzen alles daran, um keine gemeinsame Zeit miteinander zu verbringen. Wenn er seine alten »Die Zwei«-Folgen guckt, dann geht sie zum Sport. Schafft sie es endlich mal früh ins Bett, dann fällt ihm abends um neun ein, dass er ja noch den Sperrmüll auf die Straße stellen muss.

Seit sie zusammen sind, sind sie kaum noch zusammen. Andrea findet das völlig normal. »Wir sind uns so nahe, da brauchen wir halt etwas Abstand«, erklärte sie mir, als ich sie auf dem Flughafen Münster-Osnabrück in die mallorquinische Sonne verabschiedete. Fast hätte ich ihr geglaubt, doch als sie sagte, sie reise ohne ihn, weil er noch die Fußleisten im Hauswirtschaftsraum lackieren wolle, da wurde ich stutzig. Und ihre Affäre mit dem Steward auf dem Rückflug sprach Bände. Nein, inzwischen glaube ich, nur Messerwerfer sollten an dem Ehrgeiz festhalten, ihre Partnerin möglichst selten zu treffen. Für alle anderen gilt:

Eine Beziehung braucht gemeinsame Zeit. Es ist daher sinnvoll, sich gelegentlich im gleichen Raum aufzuhalten.

Muss das sein? Reicht es denn nicht, uns die Komplimente bei der besten Freundin abzuholen, Liebeserklä-
rungen als SMS zu verschicken und unsere emotionale
Verbundenheit durch einen gemeinsamen Kredit über
140 000 Euro zum Ausdruck zu bringen?
Offensichtlich nicht, denn in gewissen Situationen lässt
sich unser Partner durch nichts ersetzen. Seine körperliche Anwesenheit brauchen wir:

- **Um solide Vorurteile aufzubauen.** Wie sonst sollte
  man die Fehler des anderen studieren? Es wirkt nur
  dann überzeugend, ihm beim nächsten bösen Krach
  aufs Butterbrot zu schmieren: »Du bist wie dein Vater«, wenn man zuvor live beobachten konnte, mit
  welcher Selbstzufriedenheit er die erdrückten Silber-
  fischchen im feuchten Küchenkrepp zählt.
- **Um sich mal richtig gehen zu lassen.** Theoretisch ist es
  zwar auch ohne Mann jederzeit möglich, die Füße auf
  den Tisch zu legen und mit den Fingern die Fleisch-
  stückchen aus der kalten Nudelsoße zu fischen oder
  laut singend vor dem Badezimmerspiegel zu posie-
  ren. Es bringt aber erst dann die wahre Genugtuung,
  wenn ein uns nahestehender Mensch das Ganze mit
  einem kopfschüttelnden »Was is'n mit dir los?« kommentiert.
- **Um es mal wieder zu tun.** Das, von dem wir immer
  reden und was wir in Wahrheit nur mit unserem

Liebsten und nie mit dem Postboten tun würden, denn der ist 28 Jahre älter als wir und trägt hellblaue Synthetikhemden.

- **Um sich Peinlichkeiten zu ersparen.** Nicht nur die Ausländerbehörde würde misstrauisch, wenn Sie auf der Familienfeier zufällig neben Ihrem rechtmäßig verbundenen Ehemann Platz fänden und von ihm hörten: »Sie sind also die berühmte Elke. Meine Mutter erzählt nur Gutes von Ihnen! Ehrlich gesagt, ich hätte Sie mir jünger vorgestellt.«

Zeit ist ein kostbares Gut, und unsere Terminkalender sind prall gefüllt. Gelegentlich etwas Zeit miteinander zu verbringen, erfordert deshalb jenes hohe Maß an Geschicklichkeit, das Sie brauchen, um dem Fahrkartenautomaten der Deutschen Bahn ein Sparpreisticket zu entlocken. Nur Jojo hat damit kein Problem, denn sie wohnt in einer dieser schicken Einraumwohnungen ohne altmodische Trennwände, in denen man sich erst gar nicht aus dem Weg gehen kann. Sie wissen schon, diese lichtdurchfluteten 170-Quadratmeter-Lofts, die so schlecht zu heizen sind, und wenn man was mit Fisch gekocht hat, dann hängt der Geruch noch Tage später in der antiken Plattensammlung im zwölf Meter entfernten Schlafbereich.

Veranstalten wir unseren Frauenabend bei ihr, dann sehen wir Basti oben auf der Empore am Computer spielen. Er bleibt an diesen Tagen immer länger auf als sonst, weil er sich geniert, vor unseren rotweinseligen Blicken in der offenen Nasszelle zu duschen. Wenn wir dann von Hähnchendöner, Michael Ballack und der Eierstockentzündung unserer Hündin erzählen, zuckt er vor seinem Bildschirm merklich zusammen. Jojo muss ihm nicht mehr viel erklären. Dieser Mann weiß wie kaum ein anderer, was im Kopf einer Frau wirklich vor sich geht.

Entspann dich, verdammt noch mal!

Gemütlich räkeln wir uns am Samstagmorgen im Bett. »Gut, dass jetzt Wochenende ist«, seufze ich, denn eine wahrlich hektische Woche liegt hinter uns.

»Hmmm...«, ertönt es zustimmend aus dem Kissenberg neben mir.

»Ein ganzer unverplanter Tag liegt vor uns, herrlich...«

Wieder brummt das Kissen zufrieden: »Hmmm...«

»Heute lassen wir es uns richtig gut gehen, oder?«

Das Brummen hält an, und die Harmonie im Schlafzimmer bewegt sich im selten erreichten Maximalbereich. Ist es nicht schön, ein Paar zu sein? Beschwingt setze ich mich auf. »Also, was unternehmen wir heute?«

Peng. Da ist sie, die unsichtbare Sprengzündung unserer Beziehung, unsere ganz persönliche Gretchenfrage, die uns unweigerlich in Streit geraten lässt. Dort, wo andere sich wegen Lappalien wie ihrem letzten Offenbarungseid in die Haare kriegen, streiten wir lieber um eine Kinokarte und zwei Kugeln Eis.

Wenn es nach Jens ginge, dann würden wir an Tagen wie diesem ein bisschen abwaschen, die Post entgegennehmen und ansonsten einfach mal sehen, was der Tag noch so bringt. Wenn es nach mir ginge, dann würden wir morgens um sechs zur Ikeaeröffnung fahren oder ganz spontan Freunde vier Autostunden entfernt besuchen. Jens findet mich anstrengend, ich bezeichne mich als lebensfroh. Anders gesagt: Er will am Wochenende endlich mal nichts machen, und ich will endlich mal was machen. Laut Statistik sind wir mit diesem Problem nicht allein.

> **Jede vierte Liebe beginnt am Arbeitsplatz.**
> **Und jede dritte endet nach gemeinsam**
> **verbrachten Tagen wie Weihnachten oder**
> **dem lang ersehnten Sommerurlaub.**

Für mich lässt das nur jenen Schluss zu, den ich bereits 1989 beim Wanderurlaub auf Gomera getroffen habe: Entspannung ist reine Knochenarbeit!

Das liegt daran, dass sich nicht eindeutig definieren lässt, was Entspannung sein soll. Manche Menschen können sich von den Mühen des Alltags wunderbar bei einer meditativen Yoga-Sitzung erholen, andere bräuchten nach einem solchen Trip eine mehrstündige Wrestling-Show im Fernsehen, um kein Magengeschwür zu riskieren.

Kaum jemand analysiert beim ersten Techtelmechtel, zu welchem »Entspannungstyp« der andere gehört. Und eh man sich versieht, kämpft man die nächsten zwanzig Jahre jeden Tag aufs Neue darum, den Biorhyth-

mus einer hektischen Libelle mit dem eines Faultieres
in Einklang zu bringen.

Dabei ist die Libelle heute wirklich anspruchslos. Keine
Rede davon, an die Ostsee zu fahren oder spontan die
Küche zu streichen.

»Lass uns ein wenig in die Stadt gehen, ja?«

Jens wirft einen Blick auf die Wäscheberge, den leeren Kühlschrank und den kalten Nieselregen vor der
Balkontür und bemerkt genervt: »Das bringt doch mehr
Stress als Erholung. Nein wirklich, vergiss es gleich
wieder. Das ist mein letztes Wort.«

»Na komm schon, man lebt nur einmal«, beschwöre
ich Jens.

»Ebendrum! Dieses eine Leben will ich mir nicht
durch Freizeitstress verderben«, fügt er seinem letzten
Wort noch elf weitere hinzu und zieht sich die Decke
wieder über die Ohren.

Statt mich noch tiefer in theoretische Diskussionen
zu verstricken, folge ich meinem natürlichen Instinkt:
Ich tue mir leid. So was geht am besten mit Schokolade
und Musik von Annett Louisan. Während die süßen
Stücke mit den weltweiten Gletschervorkommen um
die Wette schmelzen, hadere ich mit meinem Schicksal
als verkannte Lebenskünstlerin. Liebe ich den falschen
Mann? Wäre mir das aufregende Leben mit Michael
Ballack nicht eher gerecht geworden? Gehört jemand

wie ich nicht eher ins Trainingslager auf Gran Canaria und auf den »Ball des Sports«, statt Perlen vor die Säue und Ausflugsideen vor einen erschöpften Mann zu werfen?

Sei's drum. Wenn Jens plant, mit Mitte dreißig in den Ruhestand zu gehen, dann hätte er sich nicht in eine Frau verlieben sollen, die so ausdauernd schmollen kann, dass selbst Kruppstahl weich wird. In bequemer Beharrlichkeit offenbart sich nun mal die wahre Größe der Frauen.

> Nicht nur auf der Toilette beweisen Männer Stehvermögen. Frauen hingegen verstehen es, wichtige Themen einfach auszusitzen.

Als Annett Louisan ein drittes Mal zu ihrem Klagegesang anhebt, zeigt sich Jens endlich einsichtig. Zu Recht, denn Hannovers Einkaufszeile ist einen Besuch wert. Wenn wir diesmal auch nicht viel von ihr sehen, denn zu unserer Überraschung ist ausgerechnet heute Cityfest und bedingt durch das schlechte Wetter schieben sich Hunderte von sperrigen Regenschirmen durch die Fußgängerzone.

Seit zwei Stunden ziehen wir jetzt schon durch die belebte Innenstadt. Während der ganzen Zeit schaut Jens drein wie eine Puppe aus dem Wachsfigurenkabinett von Madame Tussaud. Aber kein Laut der Klage kommt über seine Lippen. Er weiß inzwischen, dass er chancenlos ist, wenn ich mir in den Kopf gesetzt habe, mich zu amüsieren. Und genau das tue ich jetzt auch. Ich bestehe auf einer guten Tasse Kaffee, obwohl in der überfüllten Eisdiele nur der zugige Tisch an der Drehtür frei ist. Ich probiere bei H&M ein paar heruntergesetzte Hosen an, obwohl mir Grün nicht steht und die Schlangen vor den Kabinen bis zum Fahrstuhl reichen. Selbst meine seit Stunden durchnässten Schuhe oder die 17 Euro für zwei lauwarme Pizza Funghi im Stehen können mir den Glauben an einen tollen Samstag nicht nehmen. Mein Lächeln ist wie festzementiert.

»Du siehst aus wie aus dem Wachsfigurenkabinett von Madame Tussaud«, bemerkt Jens halb spöttisch, halb besorgt. Ja, ich gebe zu, dass es nach einer anstrengenden 50-Stunden-Woche daheim eventuell gemütlicher gewesen wäre als zwischen nasskalten Straßenständen, doch wer spontan sein will, der muss nun mal auch Opfer bringen.

Am Sonntag erwache ich mit schniefender Nase. Es zeigt sich, dass der gestrige Ausflug zwar meiner Gesundheit geschadet, unserer Beziehung aber gutgetan hat. Nach erfolgreicher »Motiviere deinen Partner«-Therapie bringen mich heute keine zehn Pferde vor die Tür. Mein Hals kratzt fürchterlich, sodass wir in trauter Harmonie in der Wohnung abhängen. Gibt es etwas, das mehr verbindet als die tiefe Erleichterung beim Gedanken an eine arbeitsreiche, durchstrukturierte Woche? Selbst wenn auch dieses Glück nicht von Dauer sein wird, denn bis zum nächsten Wochenende bin ich gesundheitlich sicher wieder voll auf dem Damm.

Köttbular verpflichtet

Cord sagt, es brauche fünfzehn Jahre, bis Alkohol abhängig mache. Nächstes Jahr werde er sechsunddreißig. Er habe deshalb vorsichtshalber beschlossen, jedes dritte Bier durch zwei weitere Zigaretten zu ersetzen.

So ist er, unser Cord. Gut, dass er die meiste Zeit des Jahres Single ist, denn Paare sind schon nach sechs Wochen Beziehung nicht mehr frei in ihren Entscheidungen. Cord dürfte beispielsweise nicht mehr einfach so alleine zu Ikea fahren, sondern wäre verpflichtet, die Frau seines Herzens zu fragen, ob sie mitwill. Und auch dort könnte er nicht einmal mehr ein Mousepad in die gelbe Tragetasche werfen ohne den liebevoll gemeinten Rat: »Nimm doch das rote, das sieht besser aus.« Nur im Restaurant dürfte er noch selbst wählen. Ein Halbzeitstopp im Restaurant wäre natürlich obligatorisch, denn Köttbular und seine süße Liebeserklärung in der Küchenabteilung verpflichten.

So schleichen sich die Gewohnheiten der Liebe Stück

für Stück ein. Daran wird sich bis ins hohe Alter nichts ändern. Selbst meine Großtante bestellt zehn Jahre nach dem viel zu frühen Dahinscheiden ihres heiß geliebten Pudels immer noch jede Woche ein Pfund Pansen bei ihrem Schlachter. »Ich habe mich halt so daran gewöhnt«, sagt sie nur. Das muss echte Liebe gewesen sein, denn eines dürfte inzwischen jedem klar sein:

Liebe macht abhängig.

Selbst ein Gutachter der Dekra bleibt nicht unabhängig, wenn er der Frau seiner Träume begegnet. Die Bundesforschungsanstalt veröffentlichte kürzlich die Ergebnisse einer bundesweit angelegten Studie. In einem Laborversuch wurden intelligente Frauen mit eigenem Einkommen und gefestigtem Weltbild an einen Partner gewöhnt und dann von ihren Männchen isoliert. Obwohl die emanzipierten Frauen mit ausreichend Futter und ihren Freundinnen im Gehege lebten, konnten sie plötzlich nicht mehr schlafen. Sie setzten sich am Esstisch weiterhin auf ihren Stammplatz, griffen instinktiv immer nach der unteren Brötchenhälfte und hinterließen kurze Notizen auf dem Küchentisch, bevor sie den Käfig verließen. Diese Frauen waren abhängig geworden, und das nach zum Teil nur zwei Monaten Verliebtheit!

Gelegentlich trägt ein solches Suchtverhalten die sonderlichsten Blüten. Manche Damen begrüßen jeden neuen Gast auf der Party mit einem hektischen »Hier ist schon besetzt!«, weil sie auf einem Sektempfang genauso wenig auf den Mann an ihrer Seite verzichten wollen wie in Flugzeugen oder Wartezimmern. Paare dieser Kategorie würden selbst in der größten Hektik niemals die Namenstasse des anderen benutzen.

Mancher attraktive Mann bleibt lieber Single, nur weil er die letzten Jahre tatenlos zusehen musste, wie sein bester Freund sich plötzlich »Schnucki« nennen und widerstandslos mit Salzstangen füttern ließ. Oder denken Sie an die geselligen Kneipenrunden der bindungsetablierten Mittdreißiger. Spätestens gegen zweiundzwanzig Uhr kündigt ein verräterisches Piepsen die sehnsüchtig vorwurfsvollen SMS der jeweiligen Partner an und unter dem gemurmelten Vorwand, man müsse morgen zur Magenspiegelung, leert sich schlagartig der Raum.

Hemmungen sind also verständlich. Letztendlich ist es jedoch wie mit dem Magen-Darm-Infekt in einem Großraumbüro – niemand entrinnt seinem Schicksal. Tröstlicherweise ist die Sucht der Sehnsucht jedoch weniger schlimm, als es auf den ersten Blick erscheint. Ganz im Gegenteil:

Abhängigkeit macht liebenswert.

Ich weiß, dieser Satz klingt befremdlich für eine Bevölkerung, die Rudi Carrell an den Lungenkrebs verlor und gleichzeitig miterleben muss, wie vehement Nikotinabhängige in Restaurants ihre Zigarette neben schlafenden Babys oder einigen der sechs Millionen Asthmatikern unseres Landes anzünden.

Lassen Sie sich nicht täuschen. Nicht jede Sucht ruiniert Ihre Gesundheit und die Finanzen Ihrer Krankenkasse. Es spricht für eine gesunde Liebesbeziehung, wenn Sie und Ihr Partner sich voneinander abhängig fühlen. Stellen Sie sich vor, jemand bietet Ihnen einen Zehn-Jahres-Vertrag in Kanada an, und Ihr Lebensgefährte erklärt ohne zu zögern: »Mach das, ist doch ein tolles Angebot. Ich will dich da nicht einschränken...« Ein andermal entdeckt er Sie mit seinem besten Freund knutschend in der Ecke Ihres Partykellers und bemerkt lapidar: »Tu, was du willst, aber denk dran, dass du morgen früh raus musst.« Vermutlich werden Sie zu Recht an der Tiefe seiner Gefühle zweifeln.

Nein, Frauen wie Jojo, Franka und ich wollen keinen Gefühlsasketen, sondern einen Mann, der unselbstständig genug ist, uns jedes Mal um unsere Meinung zu fragen, bevor er läppische 1500 Euro für einen Flachbildfernseher ausgibt. Ihre Eigenständigkeit können die Objekte unserer Liebe ausreichend unter Beweis stellen, wenn der Wäschekorb überquillt oder sie eine Überraschungsparty für uns vorbereiten.

Du bist einmalig

Meine ersten Erfahrungen in der Liebe habe ich im ländlichen Südoldenburg gesammelt. Dort ist es wahrscheinlicher, von einem Elefanten getreten zu werden, als sich nicht mindestens einmal in einen Pfadfinder oder in das Mitglied einer Tanzmusikband zu verlieben.

Uli war Gitarrist, und wir haben schöne Zeiten zusammen verbracht.

Daran konnte nicht einmal sein zeitaufwendiges Hobby etwas ändern. Während er am Wochenende mit den Hits von Klaus und Klaus über Hochzeiten und Erntedankfeste tingelte, durchkreuzte ich mit Kerstin und Kirsten weiterhin die Diskotheken der Region. Im Geiste war mein Gitarrist stets bei mir, denn ich wusste, einmal am Abend spielt er unser Lied. Es war »Aber dich gibt's nur einmal für mich« von den Nilsen Brothers. Trotz all der Hühnersuppen-Romantik war irgendwann Schluss. Uli und ich trafen uns zukünftig nur noch zweimal die Woche zum Kaffeetrinken, um über das Leben des anderen auf dem Laufenden zu bleiben. Da tat sich schließlich eine ganze Menge. Mein Musiker beispielsweise war neuerdings mit einer Blondine verbandelt, die auf der letzten Silberhochzeit bewundernd vor der Bühne gestanden hatte.

»Was hat sie, was ich nicht habe?«, fragte ich Uli eines Tages. Die Frage war berechtigt, denn obwohl wir uns harmonischer getrennt hatten, als andere Leute heiraten, war ich doch betroffen, als ich hörte, dass die Neue ebenfalls Stephanie hieß. »Aber dich gibt's nur einmal für mich? Das kann ja wohl nicht sein!«

Mein Ex gab zu bedenken: »Acht von hundert Frauen deiner Generation tragen diesen Namen!«

»Trotzdem hätte ich es stilvoller gefunden, nach drei

Jahren musikalischer Einmaligkeitserklärung von einer Tatjana oder Jennifer abgelöst zu werden«, beschwerte ich mich, doch lange böse sein konnte ich ihm nicht. Schließlich kannte ich Uli: eine Seele von Mensch, aber manchmal mit seinen Gedanken eher bei einem schwierigen Mollakkord als im Hier und Jetzt. Offensichtlich handelte es sich um einen fatalen Irrtum. Uli musste mich versehentlich verwechselt haben!

> Auf der Säuglingsstation
> sind Verwechslungen selten.
> In der Liebe nicht.

Inzwischen habe ich ihm verziehen, denn ich sehe ein, dass mir ein solcher Fauxpas genauso gut hätte passieren können. Ich wäre nicht die erste Frau, die ihren Mann irrtümlicherweise herbeipfeift, als sei er ein Hund, ihn maßregelt, als spräche sie mit einem Kind, und ihn dennoch drei Stunden später genussvoll vernascht, als sei er ein Stück Schwarzwälder Kirschtorte. Schauen Sie also bitte immer zweimal hin, um unnötige Verwechslungen zu vermeiden:

- Ein Mann verspricht Ihnen, sich heute noch um den tropfenden Wasserhahn zu kümmern. Wenn er sein Versprechen nicht einhält, dürfen Sie ihn ordentlich zusammenstauchen und ihn auf Schadensersatz verklagen. Obacht! **Das ist nicht Ihr Mann, sondern der Klempner.**

- An Ihrem freien Tag werden Sie mit einem Glas Sekt geweckt. Ihr Partner massiert Ihnen sanft den Rücken und bringt anschließend die Wohnung auf Vordermann. Kein gereiztes Wort darüber, dass er sich mitten im Jahresabschluss nun mal nicht so einfach freinehmen könne, nur weil Sie es sich in den Kopf gesetzt hätten. **Das ist ebenfalls nicht Ihr Mann, sondern eine Ihrer blühenden Fantasien.**
- Sie gehen lieber mit den Kolleginnen weg als mit ihm, und als Sie ihm mitteilen, dass Sie schwanger sind, fällt er aus allen Wolken. Hoffentlich ist das nicht Ihr Mann, sondern Ihr Chef.
- Ein bärenstarker Typ klopft sich auf die Brust, sagt, dass Männer niemals weinen und Frauen auf Schalke nichts zu suchen haben. **Also, das ist nun wirklich nicht Ihr Mann, sondern ein ausgemachter Blödsinn.**

Wohin man auch blickt, überall Männer. Selbst beim Aqua-Fitness trifft man sie gelegentlich. Da verwundert es nicht, wenn einer Frau kurzzeitig entfällt, welchem von all diesen hübschen Typen sie heute Morgen ewige Liebe und pünktlichen Feierabend versprochen hat.

»Wie finde ich zwischen all den netten Jungs nur mein Original wieder?«, frage ich Franka. Die Gute weiß wie immer Rat: »Mach niemanden zu deinem persönlichen Hausmeister oder Sündenbock und mach ihn um Himmels willen nicht für deine Launen verantwortlich. Der Mann, der dich beim Befolgen dieser Regel dankbar und erleichtert anlächeln wird, das ist dein Mann!«

Allein aufs Klo

Bleiben Sie Individuen

Sprechen Sie im Singular

Ich erwähnte bereits unsere ritualisierten Frauenabende. Jene Zusammenkünfte sind uns immer heilig gewesen. An diesen Terminen hätte jede von uns Stein und Bein geschworen, dass nichts und niemand jemals unsere Dienstagsrunde würde stören können. Doch zu unserem eigenen Erstaunen kommen uns inzwischen immer häufiger so absurde Dinge wie Beförderungen, furchtbar fruchtbare Zeitfenster für die ersten Zeugungsversuche und Liefertermine für die Fertighausteile dazwischen. Das alles hinterlässt unübersehbare Spuren, nicht nur im Terminkalender!

So musste meine Bekannte Pia feststellen, dass ihr heiß geliebter Matthias offensichtlich zu der Sorte Mann gehört, die sich während der Schwangerschaft ihrer Frau einen beachtlichen Bauch anfuttert. Als die beiden vier Wochen vor der Geburt eng umschlungen durch die Fußgängerzone bummelten, trafen sie an der Eisdiele auf Pias Exfreund Jochen. Sie konnte es sich nicht verkneifen, ihm voller Triumph zu erzählen: »Und übrigens: Wir sind schwanger!« »Ja, das sehe ich«, konterte er. »Und? Was sagen eure Männer dazu?«

Pia blieb ihrem Ex die Antwort schuldig und gab sich stattdessen zu Hause einem vorgezogenen Babyblues hin. Hätte sie geahnt, wohin das einmal führen würde, dann wäre sie sicher behutsamer mit dem Wörtchen »Wir« umgegangen. Die Gute neigt zum gefürchteten »Pärchen-Plural«. Das ist die weitverbreitete Angewohnheit, für das geliebte Gegenüber gleich mit zu sprechen.

Pia sagt: »Joggen geht ja nicht, wegen Matthias' Knieverletzung, aber wir walken ganz gerne.« Früher betonte sie: »Wir haben ein Faible für die indische Küche. Italienisch liegt uns weniger.« Und nun, seitdem »wir« beschlossen haben, dass Matthias abspecken muss, verkündet die 56-Kilo-Frau: »Bei uns ist Diät angesagt!«

Menschen, die im Pärchen-Plural sprechen, klingen immer etwas so, als ob sie sich für die schwedische Königin oder für den Pressesprecher des Vatikans halten. Früher dachte ich, so reden nur Leute, die im Alter von dreißig Jahren immer noch auf Diddl-Briefpapier schreiben, doch in Wahrheit ist diese Ausdrucksweise auch unter zurechnungsfähigen Menschen weitverbreitet.

Hüten Sie daher Ihre Zunge! Falls Sie sich bisher lieber mit anderen Körperregionen Ihres Partners beschäftigt haben, dann ist es Ihnen vielleicht noch nicht aufgefallen: Ihr Gegenüber hat einen eigenen Mund, mit dem er laut und deutlich sagen kann, was er denkt. Es gibt sogar Kontoauszüge, Indizien und avantgardistische Kunstwerke, die für sich selber sprechen. Da sollte Ihr Partner das wohl auch können, oder? Den Plural können Sie sich also sparen.

Sprechen Sie besser im Singular.

Dann wird Ihre Umwelt Sie auch weiterhin als eine eigenständige Person ansehen und Ihre Freundinnen werden Ihnen glauben, dass Sie problemlos ohne männlichen Begleitschutz mit ihnen ins Kino gehen können und sich genügend innere Distanz zu Ihrem Liebsten bewahrt haben, um seine Häschen-Krawatten ebenfalls schrecklich zu finden.

So ein reifer, selbstständiger Singular ist eine Wohltat für Ihre Beziehung. Übertreiben Sie es aber nicht! Wenn Sie bei den Eltern Ihres Mannes übernachten und Ihre Schwiegermutter morgens um elf säuselnd vor der Tür des Gästezimmers steht – im Übrigen sei das Frühstück jetzt fertig –, dann antworten Sie ruhig »Wir sind gleich bei euch«, statt dogmatisch am Beziehungssingular festzuhalten. Sparen Sie sich den leidenschaftlich gestöhnten Ausruf »Ich komme…«. Interessanterweise bevorzugen Schwiegereltern gelegentlich den Plural, wenn es um ihren Buben geht.

Teebaumöl und schwarze Katzen

Cord macht sich ernsthaft Gedanken, warum es so schwer ist, eine halbwegs verträgliche Freundin zu finden. Schließlich habe er einiges zu bieten. Er sei pflegeleicht, gesundheitsbewusst, kulturell interessiert. Da sollten die Traumfrauen doch nur so auf ihn fliegen.

»Ich kann dich ja mit meiner Nachbarin verkuppeln«, scherze ich.

»Die Veganerin? Bloß nicht, die ist mir zu anstrengend.«

»Und Daniela?«

»Daniela trägt Schulterpolster!«, sagt Cord entrüstet, so als sei das Erklärung genug.

»Dann musst du meine Kollegin Hanna nehmen, die ist Stier und steht auch sonst mit beiden Beinen fest auf dem Boden der Tatsachen.«

»Sorry, aber Skorpion und Stier, das geht immer schlecht aus.«

»Du bist doch nicht etwa abergläubisch, Cord?« Er schnaubt abfällig, doch vor mir kann er einen gewissen Hang zu mystischen Ordnungen nicht verleugnen. Spontanheilungen am Ballermann, Trennkost, buddhistisches Trockenfilzen und die große Rooibusch-Hausapotheke – ich befürchte, nicht nur Cord hat mehr Ideologien und Glaubensgrundsätze verinnerlicht, als ihm bewusst ist.

Auch ich muss verlegen bejahen, wenn mich jemand fragt »Sind Sie religiös?«. Schließlich bete ich Michael Ballack an und glaube voller Ehrfurcht an die Macht meiner Echinacin-Produkte, auch wenn Stiftung Warentest ihre Wirksamkeit noch so sehr in Zweifel zieht. Meinen Freunden geht's ähnlich. Jojo würde bedenkenlos an einem Freitag, dem dreizehnten, heiraten, traut sich aber ohne ein frisches Taschentuch und ihren heiligen Ersatztampon im Gepäck nicht aus dem Haus. Jens hingegen hält den verpatzten Elfmeter gegen Wolfsburg für ein schlechtes Omen. Und auch unser widerspenstiger Cord muss einsehen, dass es für ihn einer Gotteslästerung gleichkäme, wenn jemand schlecht über das neue Album von Pat Metheny spräche.

Sie sehen, theoretisch lässt sich jedes x-beliebige Thema zur spirituellen Heilslehre hochpäppeln. Dagegen spricht ja auch nichts. Aberglaube ist nur eine durch Leidenschaft erweiterte Form unserer Überzeugungen. Und gerade die sind es, die uns liebenswert machen. Für Ihre Partnerschaft ist es egal, ob Sie Ihr Herz an die neueste Enzyklika des Papstes oder an die Modellbaueisenbahn von Märklin hängen, solange Sie zur Kenntnis nehmen, dass Ihre fanatische Begeisterung für andere ganz schön anstrengend sein kann.

Für seine Überzeugungen kämpft man nun mal besonders engagiert und schießt dabei manchmal übers Ziel hinaus. Kennen Sie auch jemanden, der sich vor zehn Jahren einen Brotbackautomaten angeschafft hat? Und erinnern Sie sich an die regelmäßigen Diskussionen, weil Lebensgefährten, Mitbewohner und Familienmitglieder sich der Begeisterung für krümeliges

Selfmade-Brot verweigerten und weiterhin Toastbrot
aßen? Dann wissen Sie ja, wovon ich spreche.

So manche hoffnungsvolle Beziehung scheiterte an
einem solchen Gerät, das heute bei den meisten im
Küchenregal verstaubt. War es das wert?

»Ernüchternd«, sagt Cord.

»Erleichternd«, sage ich.

Es geht nämlich nicht darum, welche Überzeugung
ein Mensch hat, sondern dass er überhaupt eine hat.
Nichts ist langweiliger und lebloser als ein Mensch
ohne Ideale. Ich würde mein Leben daher lieber mit
einem grölenden Fußballfan verbringen als mit einem
lauwarmen Nörgler, dessen Leidenschaft sich darin er-
schöpft, über diese »lächerlichen Vereinsprimaten« her-
zuziehen.

> **Der eine löst seine Probleme mit Meditation,
> der andere mit Tupperware. Wer würde da
> urteilen wollen?**

Überzeugungen helfen uns dabei, die Welt zu struk-
turieren. Zurzeit arbeite ich mich allabendlich durch
die auf DVD gebrannte vierte Sendestaffel von »Sex
and the City«, und wenn Jens mal wieder vergisst, seine
sandigen Joggingschuhe aus dem Weg zu räumen,
frage ich mich: »Was hätte Sarah Jessica Parker an mei-

ner Stelle getan?« Ein paar Monate später sehe ich die Welt vielleicht schon ganz anders. Möglicherweise blicke ich stattdessen durch die Brille einer Yogaschülerin und wieder ein paar Monate später finde ich an der Autobahnraststätte Kemmelbach diesen obdachlosen Dackelwelpen und betrachte meine Beziehung fortan aus dem Blickwinkel einer liebenden Tierhalterin.

Glaubensgrundsätze sind nur Mittel zum Zweck. Unsere Überzeugungen sind *dann* die richtigen, wenn sie uns helfen, das gemeinsame Leben anzugehen, ohne dass unsere Partner darunter leiden. Nicht einmal Ihr Liebster hat es verdient, dass er seine Wallfahrt nach Mekka verschieben muss, weil Sie ihn in Ihrer neu entflammten Begeisterung mit zum Wochenendkurs »Gesellschaftstänze« angemeldet haben.

Cord hingegen hält an seinen Grundsätzen fest: keine rothaarigen Frauen, keine Juristin, keine Schichtarbeiterinnen und auf gar keinen Fall eine von denen, die auf diese albernen Trendsportarten abfahren. Kein Wunder, dass potenzielle Traumfrauen ganz schnell das Weite suchen. Solchen Maßstäben wäre nicht einmal mein Brotbackautomat gewachsen. Aber wie ich ihn kenne, würde er sich erfolgreich mit krümeligem Selfmade-Brot zu wehren wissen. Gott sei's gedankt. Welchem auch immer.

Essen Sie bei Mövenpick

Meine Nachbarin ist mit Albert Einstein verlobt. Zumindest könnte man das meinen, denn wenn Marion von ihrem Liebsten spricht, dann hält man ihn mindestens für einen Nobelpreisträger, wenn nicht sogar für einen Tagesschausprecher. Ehrfürchtig glänzen ihre Augen, und manchmal befürchte ich, sie wird nach seinem Tod sein Sommerhaus restaurieren wollen, um es der Öffentlichkeit zugänglich zu machen.

Glaubt man Marion, so weiß Henri alles. Er ist der geborene Klassensprecher, Organisator und geistige Überflieger und niemand – erst recht nicht Marion – kann verstehen, warum er sich mit jemandem wie ihr dauerhaft abgibt. Henris Sätze beginnen mit »Du musst aber auch bedenken«, die meiner Nachbarin mit »Ich weiß nicht, aber« und enden tun sie mit »Vielleicht liegt es ja auch an mir«. Männer wie Henri nehmen ganz normale Frauen und machen aus ihnen eine »Gattin«. Früher hatte Marion ein eigenes Gehalt. Wenn sie heute was verdient, ist es vor allem ein dickes Lob für ihre Gemüselasagne, denn seit sie mit Henri verlobt ist, ist von ihren Ambitionen, einmal Assistentin der Geschäftsleitung zu werden, nicht mehr viel übrig.

Warum auch. Sie ist ja schon Assistentin von Überflieger Albert Einstein.

Ich habe eigentlich nichts gegen Albert Einstein. Es gibt witzige Postkarten von ihm, und wenn man den Gerüchten Glauben schenken kann, dann war es selbst bei einem Genie wie ihm reine Naivität, dass ihm das mit der Empfehlung der Atombombe passiert ist. Nur ist er nicht unbedingt für seine frauenfreundliche Art weltberühmt geworden.

In manchen Partnerschaften herrscht ein Gefälle, für das man einen emotionalen Allradantrieb bräuchte. Überraschenderweise sind es fast immer die schwergewichtigen Männer, die sich von ihren grazilen Frauen auf den Sockel hieven lassen, damit diese endlich bewundernd zu ihnen aufblicken. Jeder sollte tun und lassen können, was er will, aber wenn ich Henri und Marion beobachte, dann bringt meiner Nachbarin das ewige Zu-ihm-Aufblicken lediglich Nackenverspannungen. Mit denen ist nicht zu spaßen, solange sich die Krankenkassen weiterhin weigern, ihren Jahresüberschuss in Fango und Massagen zu investieren.

> **Gehen Sie zum Fischbuffet bei Mövenpick,**
> **wenn Sie einen tollen Hecht wollen, aber hören**
> **Sie auf, Ihren Mann anzuhimmeln.**

Und glauben Sie ja nicht Henris Vorträgen, nach denen es angeblich immer schon so war, dass Männer

für die Erlegung eines Zwerghasen mit Lorbeeren über-
häuft wurden, während ihre Neandertalerinnen nach
einem Achtstundentag mit geschickter Hand das Mam-
mut jagten, frittierten und vorausschauend portioniert
in Tuppertöpfchen verpackten.

Wie wir wissen, können Frauen mehrere Dinge
gleichzeitig. Deshalb können sie trotz Kopfschmerzen
mehr leisten als ein Hochleistungstrafo und gleichzeitig davon überzeugt sein, dass ihr Mann ihnen
haushoch überlegen ist, nur weil er ihnen ein Anti-
Viren-Programm auf dem Computer installiert hat. So
etwas nennt man nicht männliche Überlegenheit, sondern Beschäftigungstherapie. Mit irgendetwas musste
er sich doch schließlich die Zeit vertreiben, während
Sie den Flur gestrichen, das Kind bekommen und
die Urlaubskarte an seinen Chef geschrieben haben,
oder?

Machen Sie es möglichst oft alleine

Haben Sie schon mal einen Reifen gewechselt? Sehen
Sie, ich auch nicht. Und falls ich nicht im nächsten
Jahr ein Angebot für die Hauptrolle in der Sat1-Ver-
filmung »Silvia, eine Frau im Sturzregen nachts alleine

im Wald unterwegs« bekomme, wird mir diese Erfahrung vermutlich erspart bleiben.

Es gibt Dinge, die hören sich unheimlich emanzipiert an, aber sie finden in der Realität nie statt. Und wenn doch, dann hätten sie sich durch einen schlichten Anruf beim ADAC leichter regeln lassen. Was habe ich davon, wenn ich so etwas alleine kann?

Das wahre Leben hält schließlich ganz andere Herausforderungen bereit:

- Der Bankangestellte schaut Ihnen tief in die Augen und fragt vertraulich, mit welchem Konzept Sie gedenken, wieder aus den roten Zahlen zu kommen.
- Die Rechtschutzversicherung macht Ihnen einen Antrag, Ihr Freund aber nicht.
- Sie brauchen eine saubere Hose, obwohl die Reinigung an der Ecke letzte Woche dichtgemacht hat.
- Ihr Haus brennt, obwohl Ihr Mann, der sich mit dem Feuerlöscher auskennt, gerade mit seinem Freund im Kino ist.
- Sie wollen ein Käsebrot, und es ist kein Bier mehr im Haus.
- Sie wollen Sex, aber Ihr Mann will lieber zum Squash.

In solchen Situationen zeigt sich, wie selbstständig jemand ist. Jetzt stellt sich heraus, ob Ihre Liebe von

Dauer ist oder ob Sie sich notgedrungen trennen müssen, weil der andere regelmäßig auf Dienstreise ist.

Machen Sie es möglichst oft alleine.

Wenn Ihre Beziehung lebendig bleiben soll, dann müssen Sie auch dann überleben können, wenn der andere mal nicht verfügbar ist. Außerdem haben Sie erst dann ein Anrecht auf einen Butler, wenn Sie auch Sozialabgaben für ihn zahlen, statt ihn mit einem halbherzigen Bussi und gelegentlicher Mithilfe im Haushalt zu ent-

lohnen. Sehen Sie den Ölwechsel Ihres Autos und Ihren Appetit auf Käsebrot als Herausforderung.

Sie brauchen keine Ich-AG zu gründen, um selbstständig zu sein. Manchmal reicht schon ein Kochkurs. Ich wette, es wird Ihnen gefallen, wenn Ihr Mann Sie mit auf die Betriebsfeier nimmt, weil er Ihre Gesellschaft und Ihre geistreichen Kommentare zur amerikanischen Außenpolitik schätzt und nicht, weil er befürchtet, dass Sie in der Zwischenzeit vor der verschlossenen Dose Ravioli verhungern könnten.

Auszeit im Abseits

»Wollen wir ins Kino?«, fragt Jens. »Oder wir kochen was Schönes und du erzählst mir von deinem Tag?« Er lächelt aufmunternd, doch ich reagiere nicht. »Wir könnten auch fernsehen oder uns das nächste Kapitel aus dem Tantra-Buch vornehmen.« Er erntet nur ein missmutiges Kopfschütteln. »Wie wär's mit Monopoly?«, fragt Jens, jetzt deutlich zögerlicher. Himmel, der Mann ist ja hartnäckiger als angetrockneter Kartoffelbrei! Eigentlich will ich einfach nur meine Ruhe, aber wie sagt man so etwas dem Menschen, den man liebt?

Da lob ich mir doch den städtischen Tierpark. Dort

hat das Rotwild zwei Gehege, und die Weibchen können durch einen extra Gang, den sogenannten »Hochzeitsgang«, nach Lust und Laune von einem zum anderen wechseln. Ganz nebenbei können sie sich auch noch zwischen den getrennt eingezäunten Hirschen entscheiden, doch das ist zweitrangig. Meistens sieht man die Hirschkühe nämlich weder in dem einen noch in dem anderen Gehege. Stattdessen stehen sie friedlich äsend in eben jenem Hochzeitsgang und betrachten gelangweilt die Besucher.

Hier werden sie mit Sicherheit in Ruhe gelassen, denn für männliche Tiere ist dieser Bereich unerreichbar. Das ausladende Geweih der geschlechtsreifen Männchen passt einfach nicht zwischen den exakt vermessenen Zäunen hindurch. Tja, dumm gelaufen, wenn man ein solches Prachtstück mit sich herumschleppt. Protzige Statussymbole sind halt nicht in jeder Lebenslage von Vorteil.

Nie fühlte ich mich einer friedlich äsenden Hirschkuh verbundener als heute. Diese Tiere sind das beste Vorbild für Frauen, die sich dem leichten Gefühl hingeben wollen, geliebt zu werden, statt sich den Alltag mit Mann wieder einmal durch überzogene Ansprüche und Perfektionismus schwer zu machen.

Doch statt mir endlich ein Bad einzulassen und im lauwarmen Wasser ein, zwei Stündchen mit Jojo zu telefonieren, diskutiere ich noch immer mit Jens über meinen Wunsch nach einer kleinen Auszeit im Abseits.

»Schatz, es hat nichts mit dir zu tun, sondern liegt einfach in der Natur der Sache. Glaub mir, jedes noch so paarungsfreudige Weibchen zieht sich ab und zu zurück.«

Jens bleibt misstrauisch, und ein wenig verstehe ich ihn. Auf den ersten Blick erscheint es wenig einleuchtend, dass ich auf seine unvergleichliche Gesellschaft verzichte, nur um beispielsweise mit einer Käsestulle in der Küche zu sitzen und friedlich äsend in den Werbeanzeigen der Fernsehzeitschrift zu blättern. Da muss doch mehr dahinterstecken! Mindestens eine Beziehungskrise, wenn nicht gar mein neuer Krankengymnast.

Seine Sorgen sind unbegründet. Die Eskapaden im Hochzeitsgang werden von Männchen oft überschätzt. Das ist verwunderlich, denn eigentlich entstammt die Vokabel »Freiraum« doch eher dem männlichen Wörterbuch.

> Selbst Liebende brauchen ab und zu etwas Zeit für sich. Ob Sie dazu in die Wüste gehen, sich hinter Ihrer Zeitung verkriechen, den Last-Minute-Flug nach Kanada oder ein Vollbad nehmen, ist eine Frage des persönlichen Geschmacks.

Dennoch grübelt mein Mann unruhig, was ich in der selbst gewählten Abgeschiedenheit alles tun könnte. Er malt sich aus, dass ich wieder einmal seine letzte Rasierklinge verbrauchen werde, dass ich mich heißen Flirts im Internet hingebe und heimlich an meinem Skandalroman »Die Männerflüsterin« schreibe. Doch in Wahrheit freue ich mich nicht auf Dinge, die ich tun werde, sondern auf die, die ich *nicht* tun werde: nicht ständig darüber nachdenken, ob ich meinem Mann auch mit Augenringen und sieben Kilo zusätzlich noch gefalle. Nicht aufpassen müssen, dass Jens in meiner Gegenwart auch einmal zu Wort kommt. Nicht beunruhigt darüber grübeln, dass es einem gewöhnlichen Donnerstagabend an jeglicher Romantik fehlt. Kurz gesagt: Einfach gar nichts tun und nichts sein, nicht einmal eine bessere Hälfte.

Wenn eine Frau also behauptet: »Ich muss einfach mal Luft holen und einen Moment für mich sein«, so heißt das nicht zwangsläufig: »Ich überlege ernsthaft, ob das mit uns beiden überhaupt noch Sinn ergibt.« In den meisten Fällen meint sie: »Ich muss einfach mal Luft holen und einen Moment für mich sein.« Sofern mein Hirsch mir meine Käsestulle und meine Fernsehzeitung lässt, kann er zuverlässig damit rechnen, dass ich zwei Stunden später wieder bei ihm am Gatter stehe und ihn neckisch in die behaarte Flanke stupse.

Lagerfeuer contra wäscheständer

Der Überlebenskampf der Romantik

weisen Sie dem Wäsche-
ständer die Schlafzimmertür

Kennen Sie die Szene? Endlich hat es der mutige Held geschafft, die Angebetete sowohl in sein Schlafgemach als auch in seine Arme zu locken. Doch im entscheidenden Moment wendet sich die junge Frau verzweifelt ab. Mit tränenerstickter Stimme haucht sie: »Ich kann nicht…«, entwindet sich seinen Armen und läuft davon.

Was um Himmels willen mag das Mädchen so plötzlich umgestimmt haben? Hätte er Gelegenheit gehabt nachzufragen, dann hätte sie auf das klapprige Monstrum hinter seiner Zimmertür gezeigt. Wem verginge nicht die Lust auf leidenschaftlichen Sex, wenn ihm ein halbes Dutzend verfärbter Tennissocken auf dem Wäscheständer dabei zuschaut?

Die meisten Menschen leben die masochistischen Anteile ihrer Persönlichkeit ausgerechnet im Schlafzimmer aus. Der Rest der Wohnung wird gehätschelt und gepflegt, aufgeräumt und dekoriert. Schließlich will man sich in seiner kostbaren Freizeit wohlfühlen und nicht ständig an die Mühen des Alltags erinnert werden. Niemand käme ernsthaft auf den Gedanken, den dreckigen Abwasch und den Sperrmüll für nächste Woche neben seinem Fernseher zu deponieren. Lediglich im Schlafzimmer tun sich die Leute all jene Verbrechen an, die ihnen der Inneneinrichter in Küche und Bad ausreden konnte: überlebensgroße Garfieldfiguren, Bügelbretter, alte Resopalplatten, dunkelbraune Deckenvertäfelungen, aussortierte Wintersachen und fünfzehn Jahre alte Bettwäsche. Oswalt Kolle weiß, wovon er spricht, wenn er sagt: »Hinter den Schlafzimmertüren der Deutschen fallen alle Tabus.«

Weisen Sie dem Wäscheständer ganz schnell die Schlafzimmertür.

Der Wäscheständer steht ganz oben auf der Liste der Lustkiller, gleich hinter »Die eigenen Eltern im Nebenraum« oder »Vogelspinne unter der Zimmerdecke«.

Nicht, dass irgendjemand prinzipiell etwas gegen Ständer und feuchte Laken im Schlafgemach hätte, doch Ihre Wäsche sollten Sie lieber anderswo trocknen. Sonst entsteht leicht das Gefühl, mit Ihrem Liebsten versehentlich in der Asservatenkammer der Polizei oder im Wäschelager eines Londoner Nobelhotels gelandet zu sein. Sorgen Sie dafür, dass Boris Becker der Letzte gewesen ist, der seine Kinder in solch steriler Atmosphäre zeugte.

Die Liebestöterin
in Unterhosen

Meine Kusine Conny sagt, sie wohne nur deshalb in Bielefeld, weil es dort allein in der Innenstadt 350 Friseure gäbe. Für uns in Hannover zählt nur einer: Gustav und sein kleiner Salon an der Bismarckstraße. Seine Dauerwellen sind eine Katastrophe, schneiden tut er auch nicht besonders gut, doch Gustav ist so unterhaltsam, dass Franka, Jojo und ich uns angewöhnt haben, statt ins Kino gemeinsam zum Friseur zu gehen. Der gute Mann trägt T-Shirts aus der Kinderabteilung, und montags bleibt wegen Migräne geschlossen. Jeder, der nicht weiß, dass die Besitzerin der Fahrschule nebenan seine Frau ist, glaubt selbstverständlich, er sei schwul.

Klischees hin oder her, doch nicht alle sind aus der Luft gegriffen. Wer zum Beispiel behauptet, Freundinnen würden nur über Klamotten reden, der hat recht. »Wer hat denn bei euch die Hosen an, Franka?«, frage ich, während meine Foliensträhnchen einwirken.

»Na, ich natürlich. Ich habe so meine kleinen Rezepte.«

Sie reicht eine »Kaufhof«-Tüte herum und lässt uns einen Blick hineinwerfen. Darin liegt ein sündiger

Wäschetraum aus Riemchen, Häkchen und rosa Spitze.
»Das Teil hat ja mehr Haken als mein Versicherungs-
vertrag«, echauffiert sich Gustav, und auch Jojo ist wenig begeistert: »Total unbequem. Mit so was kannst du
nicht einmal zum Sport.«

»Den Fummel ziehe ich natürlich nur an, wenn Olaf
mich mal einen Moment ganz für voll nehmen soll.«
Sie zwinkert uns zu.

»In Unterwäsche?«, frage ich staunend, doch Franka
erklärt:

»Das ist keine Unterwäsche, das ist ein Argument!«

Jojo schiebt das Argument zögernd zurück in die Tüte.
»Mein Basti kennt mich als eine Frau, die mit Socken
ins Bett geht. Da wäre es doch eine Beleidigung seiner
Intelligenz, wenn ich wie zufällig in Strapsen daher-
käme, um ihn in Stimmung zu bringen!«

»Ach, Olaf liebt Beleidigungen dieser Art«, erklärt
Franka. Damit ist er nicht alleine. Auch bei einem
Mann wie Jens, der mit einem IQ von 160 durchs Leben geht, stelle ich fest, dass er auf bestimmte optische
Signale genauso prompt reagiert wie meine angegrif-
fene Verdauung auf Kuhmilch. Da wäre es doch schade,
diese natürliche Beziehungshilfe ungenutzt zu lassen.

**Klamotten sind eine der Sprachen,
in der Frauen über ihre Gefühle erzählen.**

Jedes Mal, wenn ich beispielsweise beschließe, mein Leben von Grund auf zu ändern, kaufe ich mir irgend so ein schräges Teil, das mir nicht steht, in einer Größe, die mir nicht passt, zu einem Preis, der mir noch weniger passt, das dann wieder einmal in den Tiefen meines Schranks vergammelt, weil es mir nicht passt und mir nicht steht und so weiter und so weiter... Es ist immer das Gleiche. Mein Alltag ist eine Abfolge ständiger Wiederholungen. Vermutlich ist das der Grund, weshalb mich ab und an dieses Gefühl überkommt, mein ganzes Leben von Grund auf ändern zu wollen. Selbst wenn ich meistens nicht so aussehe, Klamotten spielen dabei eine wichtige Rolle:

- Auch wenn es wissenschaftlich nicht untermauert ist, so bin ich fest davon überzeugt, dass ein guter Push-Up mich zu später Stunde im »Aldidente« geistreicher und intelligenter erscheinen lässt.
- Das Thema meiner Abschlussprüfung habe ich vergessen, aber ich weiß noch, was ich anhatte.
- Wenn ich Halle Berry wäre und als Bond Girl zur Oscar-Verleihung flöge, dann würde ich bei Übergepäck eher den Spickzettel für die Dankesrede als das neue Kleid zurücklassen. Bei DEM Kleid hört eh keiner zu!
- Jeden Abend vor dem Einschlafen bete ich dafür, dass ich meinem zweitletzten Exfreund in einem

jener Momente begegne, in denen ich in meinem hippen Kunstfellmantel vom Friseur komme statt rotgesichtig, halbseitig betäubt und mit Lippenherpes aus der Zahnarztpraxis.

Auch Frauen sind nicht jederzeit en vogue. Ganz im Gegenteil, bis ich vor zwei Minuten meine Mutter gefragt habe, zählte ich noch zur breiten Masse derjenigen, die das noch nicht einmal fehlerfrei schreiben können. Ich bin wahrlich nicht die Einzige, die samstags in einem acht Jahre alten H&M-Pullover Brötchen holen geht.

Dennoch gibt es einen entscheidenden Unterschied zwischen den Geschlechtern: Jede Frau, die – aus welchen Gründen auch immer – auf der Hochzeit ihrer besten Freundin im Bademantel erscheint, wird sich der Tatsache bewusst sein, dass sie aus der Rolle fällt. Bei einem Mann würde ich für so viel Feingefühl nicht garantieren.

Frauen sind sich ihrer Ausstrahlung bewusst. Sie hängen ihr Herz an ein paar Jeans, lassen sich gehen oder gehen mit der Mode, finden »ihre Farbe«, gefallen sich in einer neuen Rolle, schlüpfen nur schnell mal wo rein, betonen und kaschieren, trösten sich mit Schurwolle, ziehen sich jeden Schuh gleich an, setzen Akzente, bekennen Farbe, geizen nicht mit Reizen, setzen Trends oder geben sich zugeknöpft. Männer ziehen sich einfach was an.

Im Kleiderschrank einer Frau kann man lesen wie in einem Buch. Doch während sich viele Frauen modemäßig selbstbewusst zu Wort melden, geben sich ihre Männer oft mundfaul.

»Oh ja, wenn es um Klamotten geht, sind Männer schlicht gestrickt«, sagt Franka.

»Karl Lagerfeld mag das anders sehen«, werfe ich ein.

»Karl Lagerfeld ist ja auch kein Mann«, sagt Franka beiläufig, worauf Gustav auf der Stelle seinen Fön sinken lässt und die gepiercte Augenbraue hochzieht.

»…dessen Frau ihm abends regelmäßig einen frischen Liebestöter rauslegt«, fügt sie hastig hinzu. Nicht jeder Mann mit Schwänzchen und Sonnenbrille ist gleich ein Modezar, gell?

Vergessen Sie Ihren Geburtstag

Frauen wie ich leben im festen Glauben, dass sich die Emotionen unseres Partners an der Originalität seiner Geschenke ablesen lassen. Dieses Phänomen setzt Männer dermaßen unter Leistungsdruck, dass einige von ihnen, hätten sie die Wahl, lieber bei der nächsten Pisa-Studie als am dreißigsten Geburtstag ihrer Freundin teilnehmen würden.

Meine Kollegin geht noch einen Schritt weiter. Gewöhnlich bügelt Silke ihrem Carsten die Hemden, »weil er doch zwei linke Hände hat«, aber zu ihrem Geburtstag erwartet sie mindestens ein selbst gebasteltes Fotopuzzle. Für Silke sieht ein idealer Geburtstag so aus: Bevor sie um 5:45 Uhr zur Frühschicht aufbricht, serviert Carsten das Frühstück ans Bett. Während sie am Sektglas nippt, versorgt er seine Herzdame mit Informationen über das Abendprogramm und stellt ein intimes Candle-Light-Dinner oder eine öffentliche Überraschungsparty zur Auswahl. Auf dem Gabentisch liegt die 200-Euro-Jeans, von der sie heimlich schwärmte. Angesichts des stolzen Preises hätte sie das nie laut gesagt, aber ein Mann wie Carsten spürt instinktiv, was seine Frau glücklich macht. Für den persönlichen Touch hat Carsten es sich nicht nehmen lassen, heimlich einen Kartoffeldruck-Kurs an der Volkshochschule zu besuchen (»Ach, deshalb kamst du mittwochs immer so spät...«), um ihrer beider Initialen auf die Gesäßtaschen zu drucken.

Ja, an diesem Morgen ist eine Frau wie Silke glücklich und sieht es als bewiesen an, dass er sie aus tiefstem Herzen liebt – bis sie zwei Wochen später zum Valentinstag nur ein »Ferrero Küsschen« auf ihrem Frühstücksbrettchen findet und ihn mit belegter Stimme fragt: »Liebst du mich eigentlich noch?«

**Für Frauen ist ein Geschenk
mehr als ein Geschenk.**

Die meisten Männer sind da anders gestrickt. Sie geben sich an ihrem Geburtstag mit einer Jahreskarte beim 1. FC Köln zufrieden. Na ja, oder auch nicht. Aber zumindest versuchen die wenigsten unter ihnen, von der Farbe des Geschenkpapiers auf die Notwendigkeit einer Paartherapie zu schlussfolgern. Wenn sie es erst einmal in eine feste Beziehung geschafft haben, gehen die meisten Männer mit einer beneidenswerten Selbstverständlichkeit davon aus, dass sie geliebt werden.

So viel Selbstbewusstsein ist meiner weiblichen Seele fremd. Zwar haben Jens und ich schon eine Fischvergiftung und den Mietrechtsprozess gemeinsam durchgestanden und weder meine Arbeitslosigkeit noch seine Hausstauballergie konnten uns trennen. Dennoch frage ich noch immer unsicher: »Wird unsere Liebe halten?« Jens hingegen ruht auf der Couch und völlig in sich. Er zappt zufrieden durch die Fernsehkanäle und meint gelassen: »Warum sollte sie nicht? Oder hast du was Besseres vor?«

**Für Männer, die sich ihrer Gefühle sicher sind,
ist nicht einsichtig, warum sie diese Tatsache
noch durch aufwendige Balzrituale oder
romantische Geschenke belegen sollten.**

Von dieser beneidenswerten Unkompliziertheit können wir Frauen noch einiges lernen. Wenn Ihr Mann
Sie liebt, dann wird er Ihnen die gute Sauerkirschmar-
melade mitbringen, statt beim Einkauf nur an seinen
Nutellatopf zu denken. Vielleicht dürfen Sie sogar dem
intimen Moment seiner Nassrasur beiwohnen. Das sind
mehr Zugeständnisse, als er seiner Mutter gegenüber
jemals gemacht hätte. Erwarten Sie deshalb an Ihrem
Geburtstag Gäste, aber keine Liebesbeweise.

Gehen Sie zum Klassentreffen

Man sagt, als Napoleon die blutigen Feldzüge gegen
seine Nachbarländer zu langweilig geworden seien, da
habe er stattdessen das erste Ehemaligentreffen seines Abi-Jahrgangs organisiert. Politik ist offensichtlich
nicht erst seit Einführung der Pflegeversicherung ein
gnadenloses Geschäft.

Sie kennen sie doch, diese Schultreffen, wie sie zum
Jahresende oder nach 25 Jahren organisiert werden?
Man trifft sich in einer ortsansässigen Kneipe, die man
zu Schulzeiten nicht einmal zum Zigarettenklauen be-
treten hätte, und redet über die vergangenen Zeiten.
Wenn die Organisation in der Hand der pfiffigen Anke

aus dem Erdkundekurs liegt, dann gibt es neben viel Alkohol sogar etwas Leckeres zu essen und ein paar alte Dias von der Klassenfahrt nach Trier.

Als oberste Devise gilt: Zeige, was du hast und kannst. Nina und Michael, das Jahrgangspärchen von damals, kommen zu spät, weil sich der Anwaltstermin um die Scheidungsmodalitäten nicht verschieben ließ, und Matze erscheint alleine, weil Kerstin sich nicht rechtzeitig um ein Kindermädchen für den Kleinen bemüht hat. Bierbäuche werden eingezogen und Babybäuche grazil vorgestreckt. Wehe dem, der es nicht zur großen Liebe oder großen Karriere geschafft hat, wenn die ersten Zigarren und Kinderfotos hervorgekramt werden!

Es zeugt von Ihrem gesunden Menschenverstand und Ihrer charakterlichen Reife, wenn Sie solche Veranstaltungen bisher gemieden haben. Doch wenn Sie Klamotten haben, die nicht älter sind als zwei Wochen, und eine Beziehung, die älter ist als zwei Jahre, dann sollten Sie hingehen. Auf Ihr Liebesleben wird es ganz sicher anregend wirken.

> **Ehemaligentreffen sind die beste Gelegenheit, um sich zu vergleichen und festzustellen, dass auch bei anderen nicht alles Gold ist, was damals in der Pausenhalle glänzte.**

In diesem Jahr konnten Sie auf dem vorher verteilten Fragebogen die Rubrik »In festen Händen« ankreuzen. Sie können deshalb gelassen zuhören, wenn Heike von ihren Flitterwochen auf Madeira erzählt und Stefan damit prahlt, dass er nach seiner abgebrochenen Lehre als Einzelhandelskaufmann neben der Ehefrau auch zum Junior-Chefposten in Schwiegerpapas Firma »Ja« gesagt hat.

Mit dem beruhigenden Gefühl, alles in trockenen Tüchern zu haben, können Sie es sich gut gehen lassen, soweit das bei der Marianne-Rosenberg-Beschallung möglich ist. Stürzen Sie sich aufs Buffet oder flir-

ten Sie mit Ihrer alten Jugendliebe Frank. Und wenn Tanja, die damals mit dem Sohn des Schulleiters ging, Ihnen lallend einreden will, dass sie Zusammenziehen spießig findet und ihre eigene Bindungsfähigkeit lieber durch ein 17. Semester an der Kunsthochschule Lüchow-Dannenberg unter Beweis stellt, dann gehen Sie, bevor Sie schlechte Laune bekommen.

Sie werden nichts Wesentliches verpassen. Ihre alten Freundinnen treffen Sie schließlich auch ohne schriftliche Einladungskarten auf Büttenpapier. Zu Hause ist die Luft besser, und die belegten Brötchen kosten Sie nur die Hälfte. Vor allem aber sitzt zu Hause dieser Mann mit den freundlichen Augen und der altersschwachen Bandscheibe. Möglicherweise hat er die Zeit Ihrer Abwesenheit genutzt, um am PC Level fünf zu erreichen, statt die inzwischen lauwarme Milch in den Kühlschrank zurückzustellen. Vielleicht liegen sogar seine verschwitzten Sportsachen immer noch dort auf dem Sessel. Aber an einem solchen Abend verzeihen Sie ihm leichten Herzens, weil Sie es plötzlich wieder zu schätzen wissen, dass dieser Mann Sie auch ohne Fragebogen liebt.

verbringen Sie die Nacht
bei Google

Ja, so ein Klassentreffen ist eine schöne Sache. Falls Sie allerdings Ihre Amerikatournee nicht so einfach unterbrechen können oder just an diesem Tag Ihren Kinogutschein einlösen wollten, dann müssen Sie dort nicht hingehen. Schließlich reden wir davon, unseren Alltag zu zweit möglichst leicht und mühelos zu gestalten. Auch im Internet gibt es interessante Möglichkeiten, Lebensläufe abzugleichen, um sich die Frage »Was machst'n du jetzt so...« durch einen Mausklick zu beantworten. Verbringen Sie doch mal eine Nacht bei Google. Mit der richtigen Suchmaschine und ein wenig Fingerspitzengefühl brauchen Sie keine Klatschspalten und keine Klassentreffen mehr. Kaum noch etwas, was sich nicht vom heimatlichen Schreibtisch aus herausfinden ließe.

Es ist also egal, ob Sie die Nacht vor dem Bildschirm oder im »Krug zum grünen Kranze« verbringen. Nutzen Sie jede Gelegenheit, um sich und Ihre Partnerschaft mit anderen zu vergleichen. Wer sagt »Ich liebe dich mehr als alles andere auf der Welt«, muss schließlich wissen, gegen wen oder was er seinen Partner da ins Rennen schickt.

Manchmal ist das Internet sogar noch besser geeignet. Dort brauchen Sie sich nicht stundenlang in verrauchten Hinterzimmern herumzutreiben, nur um zu erfahren, dass es der lange Henning aus dem Physikkurs doch nicht bis zur Pilotenlaufbahn geschafft hat.

Im Gegensatz zum Schultreffen ist googeln so, als ob man noch mal kurz den Ehemaligen-Bringdienst anruft, weil man im Bademantel und mit ungewaschenen Haaren heute nicht mehr aus dem Haus will.

So viel Komfort ist ganz im Sinne unserer beflügelten Partnerschaft! Haben Sie sich schon einmal gefragt, was im Kopf Ihres googelnden Mannes vor sich geht, wenn er um Mitternacht endlich seinen Computer herunterfährt und Ihnen ein gefühlvolles »Ich liebe dich« ins Ohr haucht?

»Reinhard Meier sah ja uralt aus auf dem Vereinsfoto. Gut, dass ich nicht so dick geworden bin wie der. Und Biggie ist jetzt tatsächlich Vorsitzende dieser Sekte. Gott sei Dank habe ich mich rechtzeitig von ihr getrennt. Meine jetzige Freundin mag nicht die Mutigste sein, aber gegen knallharte Geschäftsfrauen wie Tatjana und Jenny aus der Abschlussklasse würde ich sie im Leben nicht eintauschen. Und außerdem sieht sie selbst in einem Müllsack immer noch heißer aus als meine Ex auf ihrer affigen Nageldesign-Homepage.«

Wenn Sie es richtig anstellen, werden auch Sie nach ein paar Stunden im Netz unweigerlich zu dem Schluss kommen, dass Ihr Partner, gerade so, wie er ist, besonders liebenswert ist, und leichten Herzens über kleine Macken und Fehler hinwegsehen.

Wer wüsste besser als meine Freundinnen um die entspannende Wirkung von ein wenig Klatsch und Tratsch. Wenn Franka einen Studienplatz bekommen hätte, dann wäre sie sicher Staatsanwältin geworden, so sehr genießt sie es, sich über die Verfehlungen anderer auszulassen. Und wenn ich Jojo mit den Worten »Wir müssen reden...« beiseitenehme, dann antwortet sie erfreut: »Au ja, über wen?« Die beiden sind sich dabei keiner Schuld bewusst: »Ich mag diese Leute nicht, die immer lästern«, betont Franka beispielsweise gerne. »Kennt ihr zum Beispiel Tanja, die blöde Kuh aus meiner Yoga-Gruppe? Die hat immer total fiese Sprüche drauf. Und Constanze ist ja auch nicht besser.«

Sparen Sie sich Ihre moralische Zurückhaltung für die günstigen Grillbriketts aus Tropenholz auf. Wenn Sie Ihren virtuellen Bekanntenkreis zum Anlass nehmen, um sich vor Augen zu führen, wie gut Sie es haben, so tun Sie nur das, was in der Natur der Sache liegt. Wer sich auf einer eigenen Homepage darstellt, präsentiert sich schließlich freiwillig. Da kann er ebenso wenig Zurückhaltung erwarten wie jemand, der den neuen

Badeanzug im Kaufhausschaufenster anprobiert und den Passanten pikiert zuruft: »Aber nicht gucken...!« Glauben Sie mir, ich weiß, wovon ich rede! Immerhin habe ich mehrere Jahre an einem kleinstädtischen Mädchengymnasium überlebt.

»Stimmt, ich weiß noch, wie du dich bis zur dritten Stunde nicht in die Klasse getraut hast, als dein Zahnarzt dir die feste Zahnspange mit Zaumzeug verpasst hat«, erinnert sich Franka an Zeiten, die ich lieber schneller vergessen würde als die Kosten für meinen Auffahrunfall in der Stresemannallee. Ich bezweifle, dass es in der DDR sehr viele katholische Mädchengymnasien gab, aber vielleicht hat unsere Bundeskanzlerin dennoch ausreichend Lebenserfahrung, um es gesetzlich zu verbieten, mehr als fünf Mädchen zwischen elf und sechzehn Jahren gleichzeitig in einem Raum zu unterrichten. Umweltschutz hin oder her – dem zwischenmenschlichen Klima unter Neuntklässlerinnen würde eine stetige Erwärmung ganz guttun.

Das ist, Gott sei Dank, Vergangenheit. Im Gegensatz zu Pubertierenden halten wir uns inzwischen an die Regeln der Rücksicht: Nicht alles, was Sie mit Ihrem Partner tun, müssen alle mitbekommen. Lästern Sie im Privaten. Die Datenautobahn macht's möglich und verhindert so mehr Herzeleid als gute Abdeckstifte oder RTL-Spendengalas. Der Hang zur Selbstdarstellung ist unverwüstlich, sodass es jeden Tag ein paar mehr unter uns werden, die ihn auf ihrer Homepage, auf Vereinsseiten, in virtuellen Gästebüchern oder Internetgalerien ausleben.

Wenn mein angeknackstes Selbstbewusstsein mal wieder eine kleine Stärkung braucht, dann erinnere ich mich an die Mädels aus der Parallelklasse, die Tag für Tag mit Batida-Kirsch im Freibad hockten und sich für etwas Besseres hielten, während sie Duran Duran hörten. Ich male mir aus, wie sie meinen Internetauftritt entdecken und denken: »Guck mal, wie toll! Das hätten wir ihr nicht zugetraut.« In Wahrheit ist es wahrscheinlich so, dass die ewig gleichen Lästermäuler zu Hause mit Beck's Green Lemon vor dem PC sitzen, Robbie Williams hören und sagen: »Guck mal, wie dämlich. Das haben wir uns ja immer schon von ihr gedacht.« Da ich es aber Gott sei Dank nicht weiß, lässt es mich kalt, und ich kann weiter von dem guten Gefühl zehren, für Jens eine tolle Partie zu sein.

In der Liebe ist es nämlich nicht wichtig, dass Sie Kollegen oder alte Klassenkameraden beeindrucken, sondern dass Sie sich in Gegenwart Ihres Partners liebenswert fühlen. Und das gilt selbst für jene, die Google noch immer für einen irischen Topfkuchen halten.

Der Schlüssel zum Glück

Ich würde niemals etwas gegen das Fernsehen sagen. Das wäre, als würde ich schlecht über meinen besten Freund reden. Ich schaue mir »Wohnen nach Wunsch« genauso interessiert an wie einen Spiegel-TV–Bericht über Haartransplantationen. Wenn ich nicht gut drauf bin, schrecke ich selbst vor einer Vormittagswiederholung der »Superhausfrau« nicht zurück. Aber sogar für mich gibt es nun mal Dinge, die nicht in die Öffentlichkeit gehören, zum Beispiel Holzfällerhemden oder NPD-Plakate. Tabuzonen gibt's halt überall, sogar in den eigenen vier Wänden.

»Entschuldigt, ich bin zu spät«, hechte ich ins »Café Lasalle«, wo die anderen vor Milchkaffee und Käsefrühstück schon auf mich warten. »Jens hat mich einfach nicht ins Bad gelassen. Wenn dieser Mann drei Dinge mit auf eine einsame Insel nehmen dürfte, dann wären das sein Handy, die Allergietabletten und der Schlüssel für die Badezimmertür.«

Jens verbringt mehr Zeit im Bad als in seinem Firmenwagen: Zähne putzen, rasieren, Koteletten stutzen, Mundwasser, Nägel schneiden, Deo, Zahnseide – fürwahr, ich genieße den gepflegten Körper meines Partners! Wenn ich es aber nicht definitiv besser wüsste, würde ich glauben, der Mann an meiner Seite sei Talk-

Luder Desirée Nick. »Ich tue lediglich etwas für meine Altersvorsorge«, sagt er und untersucht sein Doppelkinn selbstkritisch im Rasierspiegel.

Bei aller Liebe zu frischem Atem, diese geschlossene Tür macht mich wahnsinnig. Und zwar aus Prinzip, selbst wenn mal gerade nicht drei Freunde und ein Rührei auf mich warten. »Warum darf ich denn nicht rein...?«, quengle ich wie eine Sechsjährige vor der abgeschlossenen Schlafzimmertür ihrer Eltern. »Wenn der wüsste, wie vielen Männern ich schon beim Zähneputzen zugeschaut habe.«

»Darum geht es nicht«, hält Franka mir vor. »Es ist halt seine Tabuzone, die musst du respektieren.«

**Liebe lebt von den Dingen,
die du noch nicht weißt.**

»Na, dann ist unser Gefühlsleben aber sehr genügsam.« Mittlerweile bin ich über Jens bestens informiert. Ich kenne sein Lieblingsessen, ich habe Zugang zu seinem Girokonto und lese in seinem Gesicht wie in einem Roman von Marian Keyes. Inzwischen duze ich sogar seinen alten Gitarrenlehrer.

Doch irgendetwas Wahres wird an Frankas Theorie schon dran sein. Sie selbst ist das beste Beispiel. Schließlich versteht sie sich mit ihren Eroberungen immer in den Phasen am besten, in denen sie kaum mehr

voneinander wissen als »Sag mal, kennen wir uns nicht
von irgendwo her?« und »Zu dir oder zu mir?«.

> **Es ist wichtig, gewisse Grenzen zu akzeptieren.
> Der kolumbianische Zoll wird Sie gern daran
> erinnern, wenn er das Kokain und die artge-
> schützten Leguane in Ihrem Kulturbeutel
> entdeckt.**

Egal, ob es sich um das Badezimmer oder die Fächer
seiner Brieftasche handelt – die Tabuzonen eines Mannes erfordern Fingerspitzengefühl. Schließlich gibt es
Fragen, deren Antworten man im Nachhinein lieber
doch nicht wissen möchte:

Wann war sein heiß geliebter Jogginganzug das
letzte Mal in der Wäsche? Wie viele Freundinnen waren es noch mal, die er vor mir hatte? Und will ich
wirklich wissen, wie er es geschafft hat, trotz der Groß-
baustelle auf der A2 in siebzig Minuten von Bielefeld
nach Hannover zu kommen? Gelegentlich ist seine Dis-
kretion ein Zeichen tiefster Rücksichtnahme uns gegenüber, nicht wahr?

Denkansatz
Bauchansatz

Dinge, die es zu verändern gilt

Schicken Sie Mister Big in die Wüste

Wie oft darf mich die beste Freundin eigentlich heulend im Büro anrufen, bevor mein Chef arbeitsrechtliche Konsequenzen einleiten darf?

Franka leidet. Sie hat sich in den blonden Marc verliebt, doch bereits nach einer Woche auf Wolke sieben ist er plötzlich abgestiegen, um Zigaretten zu holen, und seitdem lässt sich der gute Mann immer seltener blicken, hat zufällig sein Handy ausgestellt oder nächste Woche angeblich sehr viel zu tun.

»Liebe ist doch das Allerletzte«, resigniert Franka heute Morgen wieder einmal am Telefon, während ich nebenbei versuche, das Faxgerät zu starten. »Wenn meine Mama einen Reifen wechseln könnte und du eine Spermaspende für mich hättest, dann hätte ich das Kapitel ›Männer‹ längst abgeschlossen.«

Diesmal kann ich sie verstehen. Der Mann aus Bremerhaven ist nicht gerade ein emotionaler Hauptgewinn. Er lästert über ihre CD-Sammlung, macht sich über ihre Schuhgröße lustig, und den gemeinsamen Tagesausflug nach Hamburg sagt er eine halbe Stunde vor Abfahrt ab, weil sein Kumpel Ulrich nachher noch die Winterreifen vorbeibringen will. Wenn der Typ eine Espressomaschine wäre, dann hätte sie ihn schon längst zurückgebracht.

Doch leider behält sie ihren Marc, was Erschreckendes über ihre Qualitätsmaßstäbe aussagt. Denn bei Männern gibt es, anders als bei Kaffeemaschinen, nur zwei Güteklassen. Die zentrale Frage lautet: Behandelt er mich gut oder schlecht? Es gibt die, die einem schlaflose Nächte bereiten, und jene, die man in schlaflosen Nächten jederzeit anrufen kann, damit sie einem sagen: »Ist doch alles halb so wild, schlaf weiter, Schatz« oder »Schlaf bloß nicht wieder ein, ich bin in zehn Minuten bei dir…«

Machen wir uns nichts vor, außerhalb dieser beiden Extreme gibt es nichts, auch wenn Traumtypen so ihre Fehler und selbstverliebte Machos mal einen guten Tag haben. »Er ist nicht so, wie du denkst«, jammert Franka. »Damals im Parkhaus war er wirklich süß.«

Ich glaube ihr, doch letztendlich wird das nicht viel bringen. Einem Mann nachzutrauern, nur weil er sich am Kennenlernwochenende von seiner guten Seite gezeigt hat, ist so, als würde man noch Ostern enttäuscht auf der alten Thunfischpizza herumkauen, nur weil sie Silvester einmal schmackhaft war. Genauso gut könnte man auch Arnold Schwarzenegger mit dem Friedens-

nobelpreis auszeichnen, nur weil er zur Zeit der Verleihung zufällig in Stockholm ist. Auch ein blindes Huhn findet mal einen Moment, in dem es einer Frau durch ein humorvolles Kompliment ein Lächeln entlockt. Die wirklich guten Männer hingegen bewähren sich erst in der Langzeitstudie.

Natürlich gibt es viele Möglichkeiten, eine Partnerschaft zu verbessern. Wir können den Friseur wechseln, gute Bücher zu diesem Thema lesen, darauf warten, dass aus den Tagen vor den Tagen die Tage nach den Tagen werden, oder Freundinnen um Rat fragen. Notfalls könnten wir uns immer noch »Premiere« zulegen. Wer allerdings merkt, dass nicht einmal das den gewünschten Erfolg bringt, und wem plötzlich bewusst wird, dass er schon das vierte Mal in dieser Woche heulend und betrunken eingeschlafen ist, muss Konsequenzen ziehen. Vielleicht gehört Ihr derzeitiger Traummann einfach zur falschen Qualitätsklasse!

> **Einige Männer glänzen dort, wo andere Sinn für Humor und Einfühlungsvermögen haben, durch eine genetische Leerstelle. Solche Partner sind den Parkschein nicht wert, den der Halt vor ihrer Haustür kosten würde.**

Einen solch hoffnungslosen Fall erkennen Sie am sichersten daran, dass er Ihnen und Ihrem Selbstbewusstsein schleichend einzureden versucht, dass Sie selbst ein solcher seien.

Darüber sind Franka und ich uns vollkommen einig, wenn wir uns zum x-ten Mal die »Sex and the City«-DVDs anschauen. Es scheint uns fast unerträglich, einer so hübschen Frau wie Carrie zusehen zu müssen, wie sie für einen selbstverliebten Mister Big sogar den Möbeldesigner mit den sanften Augen verprellt. Tun Sie sich das nicht an! Sofern Sie für einen achtstündigen Drehtag in seiner Gegenwart nicht das fürstliche Honorar einer Sarah Jessica Parker bekommen, sollten Sie einen Mann wie Mister Big auf schnellstem Wege in den Wind schießen.

Franka ist sich über den Carrie-Faktor ihrer Beziehung durchaus im Klaren. Trotzdem hofft sie bei jedem Telefonklingeln auf die große Liebe. In manchen Momenten möchte ich sie schütteln, doch ich beruhige mich schnell wieder. Offensichtlich braucht es manchmal mehr als sechs Sendestaffeln, bis intelligente Blondinen nicht mehr bei der erstbesten SMS von Mister Big wieder zu ihm ins Körbchen hüpfen. Wenn nicht einmal eine Frau wie Carrie es schafft, sich vom falschen Mann zu trennen, sollte ich Franka noch einige Anrufe und vollgerotzte Taschentücher zugestehen.

»Vergiss den Typen!«, gehört zu den schwersten Herausforderungen für eine Frau. Überraschenderweise gilt das selbst für solche, die ihre EDV-Ausbildung mit Prädikat abschließen und mit einer Oberfräse ebenso souverän umgehen wie mit Dreijährigen oder dem Verschluss ihres Bügel-BHs. Gute Argumente für weitere Gefühlsinvestitionen sind immer schnell zur Hand:

»Er hat ja auch seine guten Seiten.«
Das hat er, zweifelsohne! Er ist sehr amüsant (fragen Sie mal seine Mutter), für jeden spontanen Spaß zu haben (fragen Sie seinen Kumpel Ulrich), er zeigt Verantwortung (fragen Sie seine Bank) und seine Gefühle (fragen Sie mal seinen Fußballverein) und zudem ist er gut im Bett (fragen Sie mal seine Projektleiterin). Aber was haben Sie davon?

»Vielleicht liegt es ja an mir.«

Schön, dass Ihr angeknackstes Selbstbewusstsein noch so viel Größenwahn zulässt. Denn entschuldigen Sie mal bitte, aber Sie kennen ihn doch erst seit September! Glauben Sie wirklich, einen sensiblen, humorvollen Mann, der jede Frau auf Händen trägt, in sechs Wochen in ein bindungsunfähiges Muttersöhnchen verwandeln zu können? Selbst Mutter Natur braucht für solche evolutionären Großprojekte viele Jahrtausende.

»Irgendwann wird er sich ändern.«

Das habe ich über den Börsenkurs auch gedacht, nachdem ich mir im Jahr 2000 zum ersten Mal in meinem Leben Aktien gekauft hatte. Glauben Sie mir, es hat nicht funktioniert. Zwar änderte sich der Kurs fast täglich, doch mit dem bis heute verlorenen Geld hätte ich locker eine regelmäßige Werbeunterbrechung bei »Sex and the City« finanzieren können.

Warum ist dennoch fast jede Frau schon einmal einem Mann verfallen, der …

- es nicht für nötig hält, sie seinen besten Freunden vorzustellen,
- genervt aufstöhnt, wenn sie sich just zu Urlaubsbeginn den Knöchel bricht,
- sich über ihre Lieblingsautorin lustig macht,
- peinlich berührt ist, wenn sie singt,

- zu früh kommt, wenn er mit ihr zusammen ist, und zu spät kommt, wenn er vorher mit Kollegen unterwegs war,
- sie abends nicht fragt, wie ihre wichtige Präsentation gelaufen ist,
- und der sich selbst 3 Euro 78 für eine Schachtel Aspirin zurückzahlen lässt, die er ihr auf dem Nachhauseweg mitbringen sollte?

Warum bleiben wir, obwohl er uns nicht guttut? Zum einen braucht es eine riesige Portion Mut, um überhaupt an die große Liebe zu glauben. Cellulitis-Creme und die Besichtigung der Bavaria-Filmstudios zeigen, dass das mit Wundern so eine Sache für sich ist. Zum anderen ist ja nicht jeder mit dem Selbstbewusstsein einer Paris Hilton ausgestattet. Auch an meiner Freundin und mir sind die letzten vierunddreißig Jahre nicht unbeschadet vorübergegangen. Mit fünfzehn durften wir zum ersten Mal »La Boum – Die Fete« gucken. Von da an hofften wir inständig, dass es nur eine Frage der Zeit sei, bis die Jungs aus der Tanzstunde unseren wahren Wert erkennen und sie uns in Heerscharen erst über den Weg laufen und dann in den Schoß fallen würden. Als RTL2 am letzten Samstag mal wieder eine »La Boum«-Wiederholung sendete, mussten Franka und ich entsetzt feststellen, dass wir uns inzwischen mit den besorgten Eltern der Backfische identifizieren, obwohl wir es noch immer nicht zum Engtanz mit Pierre Cosso geschafft haben. Offensichtlich sind unsere Komplexe einfach mitgewachsen, statt sich wie die damalige Begeisterung für hohe Adidas-Turnschuhe unbemerkt in Luft aufzulösen.

So hat Mister Big heute ein leichtes Spiel, denn er knüpft dort an, wo jahrelanger Sportunterricht und die grellbunten Cordhosen der achtziger Jahre unser Selbstwertgefühl bereits weitgehend ausgehöhlt haben.

Unsere Eltern sagen: »Der Spatz in der Hand ist besser als die Taube auf dem Dach«, und wir ergänzen: »Warum sollte sich eine echte Zuchttaube auch für mich interessieren? Das hat doch schon in der Tanzstunde nicht geklappt. Außerdem sind alle netten Tauben inzwischen verheiratet oder mit meinen besten Freundinnen zusammen.«

Franka fragt: »Glaubst du denn wirklich, dass selbst mir heute noch mein Traummann über den Weg laufen könnte, der um meine Hand und die nächsten freien Wochenenden anhält?«

Ich sage: »Ja, sicher...«, und denke: »Wohl kaum...« Wie soll er denn auch? Wie gewöhnlich wird Franka auch heute Abend streitend mit Marc in der Kneipe sitzen oder daheim vor dem Telefon auf seinen Anruf warten. Solange sie da sitzt, hat leider kein sanft blickender Möbeldesigner der Welt eine Chance.

wer darf oben liegen?

Jens und ich sitzen beim Frühstück. Ich lese die Zeitung und beobachte verstohlen seine Versuche, das hart gekochte Ei mit einem Esslöffel zu sezieren. Die Werbebeilage der TUI-Fernreisen badet bereits in der Erdbeermarmelade, und auch ansonsten herrscht Ferienstimmung. Wer sagt eigentlich, dass man nicht auch in Deutschland Urlaub machen kann?

Doch als ich zufrieden säusle: »Schenkst du mir bitte noch mal Kaffee nach?«, erreicht mich statt eines frischen Heißgetränks nur ein kurzes »Nö«.

»Mit dem Auffüllen der Vorräte bist du an der Reihe«, erklärt Jens kurz. »Bei mir steht für heute Spülen auf dem Arbeitsplan.«

Genervt blitze ich ihn über die Zeitung hinweg an.

»Mach bloß kein Theater«, sagt Jens. »Wenn wir schon einen Haushaltsplan machen, dann sollten wir uns auch daran halten.« Geschickt manövriert er ein paar Eigelbkrümel aufs gebutterte Brötchen und murmelt: »Ohne ein wenig Selbstdisziplin geht's halt nicht.«

Der Plan, von dem mein hart gekochter Lebenspartner gerade spricht, ist ein weißes Blatt Papier am Küchenschrank. Es hängt dort, seit Franka gelesen hat, wie wichtig klare Vereinbarungen für eine moderne, emanzipierte Partnerschaft sind. Bei zwei guten Flaschen Rotwein hat sie mich davon überzeugt, dass ich mich bisher unter Wert verkaufe. So haben wir dann gleich alle lästigen Alltagsarbeiten wie Kochen, Fensterputzen und das Wiederbefüllen der Eiswürfelschablone gleichberechtigt zwischen Jens und mir aufgeteilt und Punkt für Punkt in jenem Arbeitsplan vermerkt.

Tatsächlich verdonnert mich ein Blick auf dieses Blatt Papier heute zum Staubsaugen und dem Auffüllen der Vorräte, meinen Mann hingegen zum Polieren der Kellerschlüssel und zum Spülen.

Widerwillig füge ich mich. Da der Sportteil mittlerweile von Jens in Beschlag genommen wurde und mich die Reiseangebote für Kurzentschlossene nur in weitere Depressionen stürzen würden, greife ich mir das Yps-Heft und gehe alleine dorthin, wohin Frauen nie alleine gehen.

Doch kaum sitzen wir wieder gemeinsam am Tisch, da wird Jens unruhig.

»Das riecht hier ja wie im Wisentgehege...«, bemerkt er und tigert misstrauisch ins Bad. Dann rauscht Wasser, und das Alfa-Wisent brüllt durchs Altbaugehege: »Nicht zu fassen! Ist es denn so schwer, einmal auf den Knopf zu drücken!« Doch sein Büffelweibchen lässt sich nicht aus der Ruhe bringen und schenkt sich an der Futterstelle noch mal Kaffee nach. »Du hast mich doch selbst daran erinnert: Mit Spülen bist du heute dran!«

»Du bist so kindisch!«, zetert Jens, doch ich erinnere ihn: »Ohne ein wenig Selbstdisziplin geht's halt nicht«, und schnappe mir zufrieden den Sportteil.

> Gleichberechtigung erfordert zugegebenermaßen etwas Übung. Doch wenn Sie nachts um drei weiterschlafen dürfen, weil Ihr Mann das Baby stillt, werden Sie feststellen, dass sich die Mühe gelohnt hat.

Nicht, dass Sie so enden wie viele unserer Freunde. Ulrike und Thomas zum Beispiel. Er fliegt einmal im Jahr mit seinen Freunden nach Gomera zum Wandern, damit er sich von seiner achtstündigen Büroarbeit und dem Hannover 96-Abo erholen kann, und sie fährt in der Zeit mit den fünf Kindern zu ihren Eltern ins Sauerland. Oder Kerstin und Ludger. Da er die jahrelange Diskussion um den zukünftigen Ehenamen nur durch sein vor Originalität strotzendes Argument bereichert hat, er habe sich so an seinen Namen gewöhnt, entschließt sie sich kurz vor der Hochzeit für einen Doppelnamen. Jetzt kann sich Frau Schwarze-Freitag als leibliche Mutter von Benjamin Freitag bei der Schulanmeldung ausweisen, und das Zusammengehörigkeitsgefühl bleibt gewahrt.

Gleichberechtigung in der Partnerschaft sollte für alle Bereiche des Lebens gelten: Finanzen, Beruf, Haushalt, sexuelle Aktivitäten und das Recht darauf, den Musikgeschmack seiner Schwiegermutter für eine mittelschwere Verletzung der Menschenrechte zu halten.

Mittlerweile sollte diese Emanzipation eigentlich selbstverständlich sein. In geselliger Runde behaupte ich gerne: »Ich hab's halt nie anders kennengelernt. Mein Vater konnte schon als Kind nicht einparken, und meine Mutter war sogar mit Alice Schwarzer im Landfrauenverein.«

Doch die Realität sieht anders aus. Unserer Generation sind die Frauenbeauftragten schließlich noch nicht mit in die Wiege gelegt worden (was aus Gründen der Stabilität auch gut so ist). Einige unserer Mütter haben die Worte »Emanzipation« und »gleichberechtigte Partnerschaft« 1976 erstmalig in der »Brigitte« gelesen und brauchten noch die schriftliche Einverständniserklärung ihres Mannes, um den eigenen Eltern zu widersprechen.

Wenn ich meine Kindheit auf einen drohenden Geschlechterkampf hin untersuche, fällt mir vor allem das Etagenbett für mich und meinen kleinen Bruder Malte ein. Solche Doppelstockmonstren sind ja der Traum aller Kinder. Sie werden auch heute noch gerne gekauft, damit bei 14 Quadratmetern ausreichend Platz für eine halbe Tonne Playmobil und die Dinosaurierbücher bleibt.

Ich fand das Bett toll, doch wie sehr ich auch bettelte, mein kleiner Bruder durfte immer oben liegen! Damals, beim ewig gleichen allabendlichen Anblick des Ikea-Lattenrostes habe ich mir geschworen, dass ich es später einmal besser haben will.

Ich bin nicht enttäuscht worden. Inzwischen suche ich mir selbst aus, wo ich schlafe. Doch das letzte Rollenklischee habe ich erst hinter mir lassen können, seit ich mit Jens zusammen bin: Bei uns darf jeder einmal oben liegen. Ich verpflichte mich, regelmäßig den Sportteil durchzublättern, und dafür bemüht sich mein Mann, beim Grand-Prix-Entscheid zu weinen. Kochen können wir beide nicht, aber immerhin erinnert mich Jens mit seinem verschmitzten Lächeln an Tim Mälzer. Nur die Steuererklärung macht der Herr des Hauses lieber ganz traditionell alleine, seit ich 2001 versucht habe, das Trimmrad als »Mobilitätspauschale« abzusetzen. Das Schönste aber ist: Zu Svenjas Polterabend kommen wir gemeinsam.

weichspüler ist keine Selbstverständlichkeit

Es gibt Leute, die können nicht kochen und sind trotzdem glücklich verliebt. Es gibt sogar welche, die ihre silberne Hochzeit erleben, obwohl sie sich seit 1956 jeden Morgen von einer entscheidungsstarken Frau an ihrer Seite die Klamotten rauslegen lassen. Anders als beim Kauf eines schnurlosen Telefons, bei dem Sie heute zu Recht darauf bestehen können, dass es über Grundfunktionen wie »Wahlwiederholung« oder »Nummernspeicher« verfügt, ist beim menschlichen Gegenüber erst mal gar nichts selbstverständlich.

- Kann er italienisch kochen? Vielleicht.
- Ist er zeugungs- und bindungsfähig? Wer weiß das schon.
- Hat er bei den Steuerschiebereien seiner Firma die Finger mit im Spiel? Eher unwahrscheinlich.
- Fiept er beim Sex wie eine tollwütige Ratte? Ich denke nicht, aber von vornherein sicher ausschließen können wir es nicht!

Ihr Partner hat verschiedenste Talente, die mehr oder weniger stark ausgeprägt sind: Kommunikationsbereitschaft, Schönheit, hauswirtschaftlicher Ehrgeiz, finanzielle Sicherheiten und die Fähigkeit, sich im Freundeskreis des anderen wohlzufühlen. Wenn wir jemanden Neues kennenlernen, fragen wir uns augenblicklich, auf welchen Gebieten er punkten kann und wo er lediglich über Grundfunktionen verfügt. Da heißt es, sich vorsichtig heranzutasten und Gott, seinen Eltern und dem Bildungsprogramm hessischer Grundschulen für jeden Pluspunkt zu danken, den wir am Zukünftigen entdecken.

Solange wir die rosarote Brille noch auf der Nase haben, machen wir das von ganz alleine. Wir sammeln fleißig auf der Habenseite und schauen stolz auf alles, was wir bereits in den ersten drei Tagen entdeckt haben: Er kann Pinot Grigio von Grauburgunder unterscheiden, er macht sein Geld mit wunderschönen

Druckvorlagen für die Langnese-Werbung und er hat mindestens einmal im Leben viel Fantasie und Einfühlungsvermögen im Umgang mit einer Frau gezeigt (und zwar gestern Abend). Uns entfleucht ein herzliches »Danke« an die hartnäckige Warteschlange im Service-Center der Deutschen Bahn, die uns in seine Arme trieb. Mit diesem Mann muss man einfach glücklich werden!

Doch dann schleicht sich der Alltag ein, und als wir nach einem halben Jahr Beziehung von der Arbeit nach Hause kommen, sitzt statt des sensiblen Helden plötzlich ein ganz normaler Mittedreißigjähriger auf der Couch, mit unübersehbar schlechter Körperhaltung und der Angewohnheit, ständig seine Sachen zu verlegen. »Schaatz, hilfst du mir mal eben suchen? Ich muss gestern irgendwo meine rosarote Brille liegen gelassen haben...«

Was ist passiert?

Entgegen der landläufigen Meinung scheitern länger andauernde Beziehungen nicht daran, dass der andere aufhört, Blumen zu schenken, gut auszusehen oder uns Spiegeleier in der Herzchenschablone von Tchibo zu braten, sondern dass wir anfangen, Blumen, Spiegeleier und sein männliches Kinn unter den garantierten Grundfunktionen abzuspeichern. Wir denken: »Wenn dieser Mann mich seit zwei Monaten mit seinen markanten Gesichtszügen erfreut hat, dann kann ich auch morgen noch damit rechnen.« Damit wird das Schöne zur Selbstverständlichkeit.

Nach einer Weile fällt es Ihnen dann gar nicht mehr weiter auf, dass Sie die verhasste Steuererklärung seit mehreren Jahren nicht mehr selbst machen mussten und Sie in der Frühstückspause jeden Morgen eine liebevolle SMS empfangen.

»Wie läuft's bei euch?«, fragt mich Jojo, während wir uns von ihrem Mann zur Happy Hour ins »Aldidente« chauffieren lassen.

»Könnte schlechter sein«, antworte ich ihr. Und das wird es dann auch, denn seit Mittwoch ist der Weichspüler alle. Schon seit zwei Tagen, und das, obwohl Jens doch für Einkäufe und Wäsche zuständig ist. Mein Gott, ist es denn zu viel verlangt, dass ein erwachsener Mann einmal mitdenken soll?

Doch als er mir wieder einmal ein Glas Rotwein an die Couch bringt und ich ihn bei der Gelegenheit vorwurfsvoll auf die Haushaltsaffäre ansprechen will, erinnere ich mich an ein Zitat des »Weißen Riesen«:

Weichspüler ist keine Selbstverständlichkeit.

Er ist es weder in der Stimme meines Partners noch im Vorratsschrank unserer gemeinsamen Ikeaküche. Solange Menschen gesellschaftlich noch als normal gelten, obwohl sie sich die Lippen mit Gesäßfett aufspritzen lassen oder Boxershorts mit Walt-Disney-Motiven tragen, sollten Sie deshalb kaum etwas an Ihrem Partner für selbstverständlich halten. Im Gegensatz zu Ihrer ISDN-Anlage gibt es für unser geliebtes Gegenüber zwar ein lebenslanges Rückgaberecht, aber keinerlei Garantie.

Auf die Größe kommt es doch gar nicht an

Früher war mir nicht klar, dass es sich auf Falten und Körperfettanteile bezieht, wenn man davon spricht, dass sich eine Beziehung im Laufe der Jahre weiterentwickelt.

Mich persönlich machen Veränderungen per se misstrauisch und sei es auch nur ein hauchzarter Grünstich auf der Mortadella. Obwohl ich es ablehne, meine Oberschenkel argwöhnisch zu belauern, als seien sie eine Gesetzesvorlage der Familienministerin, verunsichert mich der Blick in den Spiegel bisweilen. Dann frage ich Jens: »Findest du mich noch schön?«, und lausche seinen Beteuerungen, dass ich neben seiner Mutter und der Frau aus der Tempo-Werbung für ihn das wunderbarste und hübscheste Wesen in diesem Sonnensystem sei und dass sich auch in den fünf Stunden seit meiner letzten Frage daran kaum etwas geändert habe.

Auch wenn die Bauchmuskulatur weich und die Wahrheit gelegentlich hart ist – wenn Ihre Liebe eine Zukunft haben soll, dann müssen Sie sich den Realitäten stellen. Jenseits der 33 beobachten wir an uns selbst körperliche Phänomene, die wir früher bestenfalls auf Karikaturen von Manfred Deix vermutet hätten.

Sie wollen, dass ich konkreter werde? Nun, öffentlich über Jens und den stetig wachsenden Reichtum silbergrauer Deckhaare oder seinen ehemaligen Astralkörper zu schreiben, fände ich respektlos. Meinen eigenen Gliedmaßen gegenüber bin ich da allerdings ungehemmter:

Zum ersten Mal in meinem Leben bekomme ich neuerdings Pickel, und da tröstet es mich auch nicht, dass Jojo meint, das mache mich zehn Jahre jünger.

Und dann ist da noch mein Busen, oder das, was nach dem Stillen davon übrig geblieben ist. Es gab Zeiten, in denen Jens in ein entzücktes Seufzen ausgebrochen ist, wenn ich aus hormoneller oder klimabedingter Motivation heraus den Pulli lupfte. Heute gleicht sein suchender Blick in mein Dekolleté dem des Bundesfinanzministers in die Haushaltskasse, gezeichnet durch die irre Hoffnung, wie durch ein Wunder doch noch mehr zu finden als augenscheinlich und

unabänderlich existiert. Wenn ich mich im Spiegel betrachte, wird mir klar, warum ich Physik instinktiv
schon in der achten Klasse nicht mochte.

»Auf die Größe kommt es doch gar nicht an«, versucht Jens mich aufzubauen. Männer wissen ja nicht,
wovon sie da sprechen! Mein Verstand ist schließlich
nicht ebenso geschrumpft wie meine Oberweite. Wer
jemals ein Kind von 4800 Gramm entbunden hat oder
in der Münchner Innenstadt in einem 18-Quadratme-
ter-Appartement vor sich hinvegetieren musste, wird
mir beipflichten, dass der Satz »Auf die Größe kommt
es doch gar nicht an« die netteste Lüge ist, die wir dem
anderen Geschlecht zu bieten haben, in der Regel gar-
niert mit dem Zusatz »Es kommt halt darauf an, was
Mann damit macht«.

Sicher, im Einzelfall wiegt eine stimmungsvolle Situation auch ein kleineres Fahrgestell auf. Es kann zum
Beispiel sehr viel schöner sein, mit Michael Ballack (verliebt) im Fiat Punto (röhrend und mit kaputter Heizung)
für ein Wochenende nach Neapel zu stottern (roman-
tisch), als mit einem missmutigen Fahrschulprüfer auf
dem Beifahrersitz in einer nagelneuen Limousine und
mit 150 PS unter der Haube im Feierabendverkehr auf
der Pferdeturmkreuzung festzusitzen. Doch ohne dass
ich konkret etwas über seine intime Ausstattung gewusst
hätte, sagte schon Albert Einstein: »Alles ist relativ.«

Theoretisch ist es ja möglich, dass Ballack in Neapel

erkennt, dass ich die Frau seiner Träume bin, und dann sitzen wir drei Jahre später mit unseren quengeligen Kindern in einem röhrenden Fiat Punto im Feierabendverkehr fest, und ich verfluche den bildschönen Mann auf dem Beifahrersitz, weil seine Heizung noch immer nicht funktioniert. Merke: Auf lange Sicht gesehen trägt eine gute Ausstattung Ihres Partners zur Lebensqualität bei.

Doch das ist leicht dahingesagt, denn unsere Kontrolle darüber ist recht begrenzt. Was ist zu tun, wenn nach jahrelangen Diskussionen um einen nicht geschlossenen Klodeckel das Bindegewebe das Einzige ist, das nachgibt? Wenn die Sommersprossen sich Altersflecken nennen und die Haare am Hinterkopf nicht nur am Wochenende gemeinsam ausgehen? Meine Freundin Franka sagt immer:

Ein fester Po beginnt im Kopf.

Ich wage mir das gar nicht bildlich vorzustellen, aber sie hat natürlich recht. Ich muss nicht schön sein, sondern mich so fühlen.

Frauen und Männer jenseits der 33 haben schließlich Spannenderes zu tun, als für jede neue Falte eine Zivilrechtsklage anzustreben. Sie müssen das Altglas runterbringen, die Vertrauensfrage stellen oder im Internet nach Exfreunden googeln. Überlassen wir die Minderwertigkeitskomplexe also den 50-Kilo-Mädels aus der neunten Klasse und nutzen die kurze Zeit zwischen Büroschluss und Stefan Raab, um uns mit Haut und Haar zu genießen.

was sagt mir das, wenn er nichts sagt?

Anfangs zog es Jens und mich in verschwiegene Kneipen und romantische Restaurants, um ungestört reden zu können. Ich konnte gar nicht genug bekommen von den Anekdoten und Urlaubsfotos seiner Vergangenheit. Mittlerweile aber fühle ich mich, ehrlich gesagt, ausreichend informiert. Kein Wunder, die Geschichte mit den verlorenen Autoschlüsseln auf Sardinien habe ich auf den Partys der letzten Jahre bereits zum fünften Mal von ihm gehört.

Es ist ja eine ganz normale Entwicklung, dass man sich als Paar im Laufe der Jahre nicht mehr ganz so viel zu sagen hat wie in den ersten Wochen, aber manchmal steht die Sprachlosigkeit in unangenehmer Deutlichkeit zwischen uns, so wie an diesem Freitag.

Einer instinktiven Eingebung folgend, stellen wir uns Hand in Hand vor das frisch restaurierte »Cavallo«. Von dort wird die NDR-Talkshow ausgestrahlt, weshalb zwei Stunden vor Sendebeginn am Haupteingang die prominenten Gäste eintrudeln. Wir warten, tuscheln, applaudieren und sammeln Autogramme. Anschließend haben wir genügend Gesprächsstoff für die nächsten zwei Wochen. Doch plötzlich kommt der Punkt, an dem es heißt: »Back to the roots.« Jetzt wird es für mich Zeit, mich einfach mal wieder für meinen eigenen Prominenten zu interessieren.

> Fragen kostet nichts. Das Innenleben der meisten Männer ist interessanter, als es ihre Feierabendgarderobe mitunter vermuten lässt.

In vielen Fällen lohnt es sich tatsächlich, die Sehnsüchte, Ideen und beruflichen Ziele seines Partners zu erforschen. Immerhin können Sie in nur fünfzig Jahren mit Fug und Recht behaupten: »Mutter, ich hab da jemanden kennengelernt…« Zugegeben, das ist leichter gesagt als gefragt. Nicht jede Frage geht mir so leicht von den Lippen wie die Titelmelodie der »Tagesschau«.

Verrückte Fragen

Beim ersten Flirt heißt es noch: je ausgefallener, desto wirkungsvoller. Jens hat sich in dem Moment in mich verliebt, als ich ihm während der Konferenz einen Zettel zuschob: »Mir kommen grad ganz schmutzige

Gedanken. Kommst du nachher mit mir und meinem Micra auf eine Hirnwäsche in die Waschstraße?«

Ausgefallene Fragen sind aber leider nur in der ersten Verliebtheit unproblematisch. Was der andere zu Beginn als originelle Anmache honorierte, wird vom gleichen Partner zwei Jahre später deutlich kühler kommentiert: »Keine Ahnung, wie sich Jürgen Fliege mit Robin Hood verstehen würde. Für den Moment wäre ich schon glücklich, wenn du mir endlich die schwere Wasserkiste abnehmen würdest.«

Alltägliche Fragen

Originelle Fragen sind so eine Sache für sich. Doch an die alltäglichen Fragen traue ich mich erst recht nicht heran, denn der nächste Fettnapf wartet schon. Manchmal steht er direkt hinter der Frühstücksmarmelade. Wer läuft schon freiwillig Gefahr, arglos zu fragen: »Magst du noch Orangensaft, Schatzi?«, um dann zu hören: »Das fragst du noch? Wo ich dir seit Wochen mit meinen Hautproblemen in den Ohren liege und damit, wie schlecht ich in diesem Jahr Zitrusfrüchte vertrage?« Nicht mit mir. Wenn er etwas trinken will – er weiß ja, wo der Kühlschrank steht!

Wirklich wichtige Fragen

Und dann gibt es Fragen, die man nach mehreren gemeinsamen Jahren einfach nicht stellen darf:

»Gehört dir eigentlich die grüne oder die gelbe Zahnbürste?«

»Hattest du dich nicht damals sterilisieren lassen?«

»Wann, sagtest du, hat deine Mutter Geburtstag?«

Kein Wunder, dass die Unbefangenheit zwischen Liebenden mit der Zeit spürbar nachlässt. Manches lässt sich leichter diskutieren, wenn man noch nicht fünf Jahre zusammengewohnt hat. Manche Frauen versuchen es deshalb mit einer verbalen Umleitung. Sie reden über andere und meinen sich selbst:

- »Hast du gehört, Madonna ist ja schon wieder schwanger. Das ist schon ihr drittes Kind, und das, obwohl sie immer berufstätig war...« oder
- »Bin gleich wieder da, ich bring nur mal schnell die 25 Valentins-Rosen zu den Nachbarn. Klaus hat sie bei uns untergestellt, um Petra zu überraschen...« oder
- »Schau dir mal die beiden am Nebentisch an, wie die beieinandersitzen und in ihrem Essen stochern. Da hat man echt das Gefühl, die interessieren sich gar nicht mehr für einander. Findest du nicht auch? Jens? Jens...!?«

Die indirekte Fragetechnik kann ich nicht wirklich empfehlen. Im Lesen einer Landkarte mögen Männer uns überlegen sein, aber offensichtlich sind sie nicht besonders gut, wenn es darum geht, verbale Umwege zu entschlüsseln. Wählen Sie wieder einmal den kürzesten Weg und sprechen Sie direkt an, was Sie wissen wollen: »Machst du mir ein Kind oder was sonst schenkst du mir zum Valentinstag, damit ich nicht denke, du liebst mich nicht mehr?«

Auch ich werde weiterhin tapfer danach forschen, was im Kopf meines Mannes vor sich geht. Schließlich möchte ich nicht so enden wie der letzte Kandidat bei »Wer wird Millionär?«. Die Viertelmillion knackte er mühelos und ohne Telefonjoker, aber auf die Zwischenfrage Günther Jauchs: »Und war Ihre Frau denn schon mal in Italien?« wusste er keine Antwort. Peinlich. Entschlossen lege ich deshalb die »Gala« beiseite und wende mich voll und ganz dem Objekt meiner Liebe zu.

»Na, mein Bärchen, wie geht es dir heute?«, frage ich aufmerksam.

»Geht so. Hab den O-Saft mal wieder nicht vertragen«, grummelt Jens.

»Sag, was erwartest du eigentlich noch so vom Leben? Sollten wir nicht zusammen etwas Schönes für die Zukunft planen?« Jens überlegt nicht lange und strahlt: »Wir könnten ja am Wochenende wieder zum ›Cavallo‹ gehen. Ich habe gehört, diese Woche kommt Sarah Connor.«

Na bitte, es geht doch.

Tanten und Tattoos

Dinge, mit denen wir unabänderlich
leben müssen

Ich geh fremd, gehst du mit?

Vor dem hell erleuchteten »Cavallo« ist heute Abend die Hölle los. Sarah Connor und Marc Terenzi haben es von Delmenhorst bis nach Hannover geschafft und eine für diese Art von Talkshow ungewohnt junge und bauchfreie Fangruppe angelockt. Da stehen sie nun und betteln im Chor, Marc möge ihnen ein Kind machen. Eine Dame neben mir, die ihrem Äußeren nach eher wegen Karel Gott gekommen ist, erbost sich: »Der ist doch verheiratet!« Doch mal ehrlich, was heißt das schon? Können Männer und Frauen sich überhaupt treu sein? Ist es nicht vielmehr ganz natürlich, sich mit zunehmender Routine nach einem kleinen Abenteuer umzuschauen?

Klaus Wowereit und Frau Birkenstock kommen an. Dann zerstreuen sich die Schaulustigen allmählich und ungeschwängert, und auch Jens drängt zum Aufbruch. Doch als wir gehen wollen, steigt Ralf Bauer aus dem Taxi.

»Schau mal, der Bauer«, sage ich zu Jens, und meine Augen leuchten. »Sag mal, was wäre, wenn ich dem jetzt meine Telefonnummer zustecken würde?«

»Erst willst du unbedingt in die Großstadt und jetzt, wo du hier wohnst, möchtest du mit einem Bauern ins Bett?« Jens schüttelt verständnislos den Kopf. »Du weißt ja nicht, was du willst.«

Genau das ist der springende Punkt. Einerseits möchte ich Zuverlässigkeit, ewige Liebe und die Geborgenheit einer gemeinsamen Lebensversicherung, andererseits dürstet es mich nach Abenteuern. Zumindest in der Theorie. Der Begriff »Treue« ist ja ebenso schwammig, wie es Meat Loaf in den Neunzigern war. Niemand kann sagen, was genau sich hinter diesem Wort verbirgt. Laut Fernsehwerbung reicht es aus, fünfmal hintereinander das gleiche Waschmittel zu kaufen, um die Sammelmarken gegen ein Pfund Kaffee tauschen zu können, doch ich befürchte, so einfach kommen wir selbst in der Liebe nicht davon.

Zu Schulzeiten war der Fall klarer. Treue hieß damals, das silberne Namenskettchen auch beim Sportunterricht zu tragen und sich selbst beim anschließenden Röntgen der Rippenfraktur zu weigern, es abzulegen. Heute gibt es Eheringe statt Namenskettchen. Mit deren Hilfe hält sich die Eifersucht der meisten Paare in Grenzen. Zumindest, solange er ihr erlaubt hat, auf der Urlaubskarte an seine Ex mit zu unterschreiben.

Letztlich ist es aber völlig egal, ob Sie einander getrennte Urlaube zugestehen oder ob Ihr Partner schon

rot sieht, wenn Ihr Unfallgegner Ihnen blumige Gene-
sungswünsche ins Krankenhaus schickt. Hauptsache,
Sie sind sich einig.

> **Treu sein heißt, gemeinsam der Tatsache ins**
> **Auge zu sehen, dass menschliche Kreaturen**
> **nicht nur im Tiefkühlsortiment Lust auf**
> **Abwechslung haben.**

»Was ist denn jetzt mit Ralf Bauer?«, frage ich meinen
Liebsten.

»Schon in Ordnung, wenn du fremdgehst«, murmelt
er. »Hauptsache, du betrügst mich nicht.«

Ja, Jens ist sehr tolerant. Gerade dafür liebe ich ihn.
Er findet nichts dabei, wenn ich anderen Männern
nachschaue und Cord mir im Biergarten zärtlich in die
Pizza beißt. Hauptsache, ich spiele mit offenen Kar-
ten. Ich denke, wir passen gut zusammen. Ich bin nämlich genauso tolerant. Ich finde es völlig in Ordnung,
wenn ich anderen Männern nachschaue und mir Cord
im Biergarten zärtlich in die Pizza beißt.

Mir ist klar, dass es nicht viele Frauen gibt, die so
viel Offenheit in ihrer Beziehung akzeptieren können.
Ich hoffe, dass auch Jens mein tolerantes Wesen genügend zu schätzen weiß, denn immer fällt mir das nicht
leicht!

Schließlich gibt er mir mehr als genug Anlass zur

Eifersucht. Seine Chefin schwärmt in höchsten Tönen von ihm, und sämtliche Nachbarinnen laden ihn zu ihren Geburtstagen ein. (So wie mich auch, aber das steht auf einem anderen Blatt.) Er benutzt sogar ein Shampoo, das den Namen seiner Exfreundin trägt!

Und nicht genug damit, dass er bei Frauen gut ankommt. Auch die zärtliche Geste, mit der er über sein Saxofon streichelt, geht mir gehörig gegen den Strich. Und die Anteilnahme, mit der er sich in der Vertragswerkstatt nach dem Befinden der Zündkerzen erkundigt, gibt mir dann den Rest. Soll er doch den Nissan-Händler heiraten. Ich werde ihn nicht daran hindern.

»Sind Sie nicht die Autorin, die über die emanzipierten Partnerschaften schreibt?«, unterbricht eine junge Frau mit Kurzhaarschnitt und Umhängetasche meine düsteren Gedanken und wendet sich dann an den Mann an meiner Seite. »Dann müssen Sie wohl der berühmte Jens sein! Kann ich ein Autogramm haben?« Ich werfe ihr einen giftigen Blick zu und ziehe meinen Mann augenblicklich zur U-Bahn-Station. Manche Leute glauben, nur weil man tolerant ist, könnten sie sich alles erlauben!

Sein bestes Stück

Machen wir uns nichts vor: Innere Werte sind lobenswert, aber wenn wir uns auf den ersten Blick in jemanden verlieben, liegt es vor allem an seinem Äußeren. Die breiten Schultern, der Dreitagebart und die reizende Hilflosigkeit, mit der er gegen die Freisprechanlage seines Mobiltelefons kämpft. Cord kann sich über solche Geschlechtsgenossen fürchterlich aufregen: »Kaum noch jemand läuft ohne Handy durch die Gegend. Ganz schön verantwortungslos, wenn ich an den Elektrosmog denke. Ich für meinen Teil will keinen Gehirntumor, nur weil Nadine dreimal täglich hören will, ob ich noch lebe«, sagt er und zieht besorgt an seiner Zigarette.

Sofern mein eigenes Handy bleibende Schäden verursacht, liegt das nicht am Elektrosmog, sondern am Klingelton. Jens hat mir im Internet als kleine Überraschung »Die Ärzte« heruntergeladen. Viermal täglich »Westerland«, da bleibt schon mal die eine oder andere Gehirnzelle auf der Strecke.

Für Franka spielen die kleinen grauen Zellen nur eine Nebenrolle, sofern der Typ die passende zeitgemäße Ausstattung zeigt. Ihr derzeitiger Lover heißt Deniz. Schon beim ersten Engtanz erspürte sie etwas Hartes in seiner Hosentasche und begann sofort zu schwärmen:

»Er hat so ein süßes kleines Ding!« Ihrer Meinung nach ist es das, was einen echten Mann ausmacht. Meine Freundin hat klare Wertvorstellungen:

Das beste Stück eines Mannes lässt sich per PIN-Code aktivieren und in einem kleinen Ledertäschchen am Gürtel tragen.

Ich finde es zu simpel, einen Mann von knapp zwei Metern ausschließlich auf etwas zu reduzieren, das im zusammengeklappten Ruhezustand acht Zentimeter groß ist. Ob sein Handy und die damit verbundene Erreichbarkeit einer Beziehung guttun, kommt halt wieder einmal darauf an, was er mit ihm anstellt.

Manche Männer verschenken zu Weihnachten Mobiltelefone, obwohl sich die Liebste ausdrücklich einen Saunagutschein gewünscht hat. Mit säuerlicher Fröhlichkeit erklären sie ihr die wichtigsten Grundfunktionen, ganz so, als befestigten sie soeben den Peilsender am kostbaren Lösegeld und nicht das Headset am Ohr ihrer attraktiven Dauerverlobten.

Ich gestehe, dass ich diese Männer verstehen kann. Bisweilen geht es mir bezüglich der Kommunikation mit meinem Liebsten ganz ähnlich. Jens soll sein Handy bitte eingeschaltet haben, egal ob er in einer Vorstandspräsentation oder bei der Wurzelbehandlung sitzt. Ich werde gelenkt vom tiefen Wunsch, meinen Mann in detaillierten Berichten an meinem Leben teilhaben zu lassen. Schließlich könnte es sein, dass der neue Ikeakatalog endlich eintrifft. Das will ich dann nur eben schnell erzählen, selbst dann, wenn mein Kranführer just darauf konzentriert ist, einen dreißig Tonnen schweren Betonpfeiler über den belebten Potsdamer Platz zu manövrieren.

Was verlange ich denn Großartiges? Wenn er schon ein Handy hat, dann will ich eben auch, dass er es anstellt, sobald er nicht bei mir sein kann. Kommt der lang ersehnte Feierabend, dann gehen die Diskussionen ums Telefon weiter. Denn wenn er schon ein Handy haben muss, dann will ich aber auch, dass er es ausmacht, wenn er endlich bei mir sein kann.

Über das Telefonieren in Lokalen mag man sich streiten. Eines aber ist sonnenklar: In intimen Situationen hat sein kleiner Freund nichts mehr zu melden. In erotischer Stimmung zu telefonieren ist völlig indiskutabel. Keine Ahnung, warum Leute so etwas machen, sofern sie nicht vom 0190-Betreiber per Arbeitsvertrag dazu verpflichtet wurden oder eine Fernbeziehung mit ihrem Liebsten in Wuppertal führen.

Soeben erklärt er der Frau in seinen Armen: »Du bist das Wichtigste in meinem Le... – Moment, das könnte die Firma wegen der neuen Exportpläne sein«, und angelt sich das Handy vom Nachttisch.

In diesem Punkt unterscheidet sich Ihr Telefon kaum von der Schüssel Schokopudding, die Sie am dritten Diättag im Kühlschrank entdecken:

**Ob Sie drangehen oder nicht,
ist Ihre freie Entscheidung!**

Vergessen Sie also bitte die Jammereien über den schleichenden Sittenverfall durch die ständige Erreichbarkeit. Wer darüber klagt, demonstriert nur, dass er nicht charakterstark genug ist, um im passenden Moment auf den Ausschalter zu drücken.

Richtig dosiert, vermeidet ein Handy so manchen schicksalhaften Seitensprung. Sie können Ihren Liebsten in der Mittagspause vom Damenklo aus anrufen, um sich und ihm die Zeit bis zum Feierabend zu verkürzen. Doch bevor Sie ein paar unanständige Tiernamen in den Hörer raunen, vergewissern Sie sich besser der Situation. Vielleicht kutschiert er ja gerade mit seinem Chef zum Außentermin und hat die Freisprechanlage seines Wagens aktiviert.

Hat Ihr Mann wieder einmal versprochen, zur »Selbsthilfegruppe Unzuverlässigkeit e.V.« zu gehen, und sich nicht daran gehalten? Wenn Sie ein solches Exemplar zu Hause haben, dann werden Sie Franz Beckenbauer für die Erfindung des Mobilfunkvertrags dankbar sein. Mit Handy kommt Ihr Liebster nicht pünktlicher als früher, und auch in Zukunft wird er den Einkaufszettel mit schöner Regelmäßigkeit auf dem Küchentisch vergessen. Dennoch wird sich Ihr Alltag entspannen, sobald er sich erst einmal daran gewöhnt haben wird, Sie alle fünf Minuten anzurufen:

- »Ach, übrigens: Alles Liebe zum ersten Hochzeitstag.«
- »Schatz, kommst du heute noch mal bei Ikea vorbei? Ich glaube, Sarah ist noch im Kinderparadies.«
- »Ein Fernsehteam lässt fragen, ob ich spontan nach Mallorca fliegen will. Wärst du mir böse, wenn ich heute zum Abendessen mal nicht zu Hause wäre?«
- »Hier ist so ein Typ, der sagt, ›Geld her, oder ich entführe deine Frau‹. Was meinst du, Liebes?«
- »Was sollte ich noch einkaufen außer Nutella?«

Nur gut, dass er sein bestes Stück jederzeit griffbereit hat.

Stellen Sie sich seinen Yps-Heften

Als ich Jens kennenlernte, trug er ein T-Shirt mit dem Aufdruck »Die Vergangenheit lebt«. Das allein hätte mich misstrauisch machen müssen. Heute weiß ich, dass alte Zeiten nicht unweigerlich die guten alten Zeiten sind.

»Ich sag's ja, wir sollten uns das mit den Männern wirklich noch mal überlegen«, gibt Franka zu bedenken. »Ich war mal mit einem Mann zusammen, der konnte wahnsinnig gut Kartoffeln schälen. Das hat mich total beeindruckt, bis sich herausstellte, dass er hinter schwedischen Gardinen geübt hatte. Zwei Jahre ohne Bewährung wegen Heiratsschwindel…«

Franka übertreibt. Wie immer. Und dennoch, heutzutage kann man gar nicht vorsichtig genug sein. Dank der zahlreichen H&M-Filialen und Benimmkurse an der Volkshochschule ist es heute jedem gegeben, halbwegs normal auszusehen. Hinter der pflegeleichten Fassade jedoch verbergen sich all unsere Schwächen, Macken und Persönlichkeitsstörungen. Seufzend meint Franka: »Ein guter Mann ist ein Eisberg.« Sie hat ja so recht.

Wenn man den Mann fürs Leben kennenlernt, streckt er seine sportlichen Waden, das süße Lachen, die goldene Kreditkarte und sein breit gefächertes Allgemeinwissen aus dem Wasser, und begeistert ankern wir bei ihm. Unter der Oberfläche jedoch wabern die wahren Herausforderungen seiner Persönlichkeit.

> **Ein normaler Mensch bringt mehr**
> **Schattenseiten mit in eine Beziehung**
> **als Socken.**

Kindheitstraumata, schlechte Angewohnheiten, Schulden und Erbkrankheiten – mir fällt auf Anhieb so einiges ein, was Jens lange unter der Wasseroberfläche halten konnte, bis es unsere Titanic im passenden Moment fast zum Kentern brachte:

- Erblich bedingte Maulfaulheit.
- Eine Kindheit im Osten Nienburgs.
- Den Hang zum Doppelkinn.
- Seine Angewohnheit, die tägliche Zahnpflege als Staatsaktion zu inszenieren.
- Und letztendlich meine späte Erkenntnis: Wie, du warst vier Jahre beim Bund? Ich dachte, du sagtest in einer Band?!

Lange Zeit habe ich den Einfluss dieser emotionalen Altlasten unterschätzt. Erst als 2005 die Yps-Hefte unserer Kindheit neu aufgelegt wurden, wurde ich eines Besseren belehrt. Die kennen Sie doch sicher noch? Das Beste an ihnen war, dass es zu jedem Heft ein beigelegtes Gimmick gab. Es gab Handbücher für Geheimagenten, Kunststoffpropeller und natürlich die berühmt-berüchtigten Urzeitkrebse, die man in einer Schale mit Wasser zum Leben erwecken sollte. Bis heute diskutieren die 30- bis 38-Jährigen auf Küchenpartys die Frage: »Waren sie echt oder nicht?«

Wie jedes andere Paar auch haben wir in den ersten stürmischen Wochen unserer Beziehung gemeinsam unsere Fotoalben durchgeblättert. Auf einem Bild saß ein kleiner Jens mit Yps-Heft. »Die habe ich früher immer gelesen«, meinte Jens damals lapidar. Was er nicht sagte: »Die habe ich früher immer verschlungen, geklaut und sogar mal vergessen, meine alte Patentante vom Bahnhof abzuholen, weil ich so versunken war. Erst eine Hypnosebehandlung und die wöchentlichen Sitzungen der ›Anonymen Comicfreunde‹ haben mich wieder auf den rechten Pfad gebracht. Es war eine schlimme Zeit für meine Eltern.«

Hätte ich schon vorher von dieser Geschichte gewusst, dann wäre kein Comicheft mehr über unsere Türschwelle gekommen, Neuauflage hin oder her. Denn nun sind sie wieder da, diese Hefte, und Jens liest. Er liest auf dem Klo und er liest im Bett. Zur Freude seiner Kollegen und zur Unbill seines Chefs nimmt er sie mit zur Arbeit. Und gestern hat er vergessen, sein Patenkind Lara vom Bahnhof abzuholen, weil er so versunken war.

Die Siebenjährige verbringt das Pfingstwochenende bei uns. Gleich am ersten Abend habe ich ihn dabei erwischt, wie er mit Lara verhandelte. Sie wollte, dass Onkel Jens zum Einschlafen aus dem großen Feuerwehrbuch vorliest. Er drängte zum Comic mit der Fliegenschreckpistole: »Guck mal, hier gibt es sogar eine Maus in kurzen Hosen...«. Ein klarer Rückfall. Was lernen wir daraus?

Stellen Sie sich seinen Yps-Heften.

Verschließen Sie nicht blauäugig die Augen vor der Vergangenheit des anderen und schiffen Sie mit größter Vorsicht durch diese unbekannten Gewässer. Doch rechnen Sie bei Ihren Katastrophenschutzübungen nicht mit Verständnis Ihres Partners. Für Männer ist die Titanic nur dann interessant, wenn sie an den Tantiemen zum Soundtrack beteiligt sind.

Die beste Party ist immer die im Nachbarhaus

Manchmal verkünden strahlende Mütter kurz nach der Geburt ihres Babys: »Von dem Moment an, als das Kind da war, waren alle vorangegangenen Schmerzen vergessen.« Verliebte Frauen hingegen scheinen einem zuzurufen: »Von dem Moment an, als der Mann da war, waren alle vorangegangenen Schmerzen vergessen!«

Tatsächlich, sie vergessen sie, die einsamen Sonntagnachmittage, die einem förmlich die Existenzberechtigung absprechen, und wissen nichts mehr von diesem dummen Gefühl, sich als Hochstaplerin zu fühlen, bloß weil man sich die Pille jetzt bereits das zweite Jahr nur wegen unreiner Haut verschreiben lässt. Erst einmal in festen Händen, verblasst die Erinnerung an die bohrende Einsamkeit, die einen nach der Tunesien-Rundreise beim Betreten der Wohnung empfängt. Der Anrufbeantworter ist ebenso leer wie der Kühlschrank, und das einzig Lebendige ist ein halbes Goudabrötchen, das am Tag der Abreise versehentlich auf der Küchenanrichte liegen geblieben ist.

In jedem Liebespaar stecken zwei Ex-Singles. Dennoch schwärmt in festen Beziehungen selten jemand über sein Glück, den Menschen fürs Leben gefunden zu haben. Stattdessen schwingt immer etwas Selbstmitleid mit, wenn sie vom gemeinsamen Alltag erzählen. Wie sie es hassen, Weihnachten bei seinen Verwandten sitzen zu müssen. Wie sehr es ihrem ungebundenen Charakter widerspreche, selbst beim Kauf einer Marmelade auf jemanden Rücksicht nehmen zu müssen. Und dass Paula ja nun überhaupt keinen Handschlag im Haushalt mache. Man könnte meinen, sie hätten unfreiwillig die Verantwortung für einen verhaltensauffälligen Hund oder die Winterfinanzierung eines Wanderzirkus übernommen.

> Mancher Verheiratete schwärmt ebenso nostalgisch von vergangenen »Fisch sucht Fahrrad«-Partys, wie er damals von der Vorstellung träumte, sich jederzeit den gemischten Vorspeiseteller teilen zu können.

Besuchen wir doch einmal Camilla Parker-Bowles. Schließlich ist sie die Königin der Herzen jeder Frau, deren Liebhaber wieder einmal behauptet, sobald die momentan schwierige kieferorthopädische Behandlung seiner Töchter abgeschlossen sei, trenne er sich augenblicklich von Frau und Familie.

Auf 34 Frauen, die bereits nach einem Jahr den Glauben an solche Versprechen verlieren, kommt statistisch gesehen eine Frau, die ganze 34 Jahre auf ihren verheirateten Prinzen wartet. Camilla ist eine von ihnen. Immerhin, sie hat sich durchgesetzt, wenn auch 1981 niemand damit rechnen konnte, dass nicht Charles Diana, sondern Diana Charles verlassen würde, und zwar in einem Pariser Autobahntunnel.

Auf dass das schwer erkämpfte Liebesglück des Prinzen von Wales diesmal besser halten möge, hängen in der Teeküche des Buckingham Palace die wichtigsten britischen Liebesweisheiten in Kreuzstich gestickt:

»Kürbis steht nicht im Ehevertrag.«

Glaubt man, den Richtigen nun endlich gefunden zu haben, dann kann es passieren, dass die eine oder andere zum ersten Mal in ihrem Leben mit dem Gedanken spielt, die Pille abzusetzen. Gleichzeitig steigt die Wahrscheinlichkeit, zum ersten Mal eine multifunktionelle Küchenmaschine oder eine Lavalampe zu kaufen, ADAC-Mitglied zu werden, zur Eigentümerversammlung zu gehen und Weihnachten heuer mit eigenem Baum zu feiern.

Diesen ungeschriebenen Gesetzen folgend ernähren sich die meisten Paare nicht mäßiger, aber doch regelmäßiger als Singles. Dazu gehören dann auch jene Gerichte, die aus frischen Zutaten gekocht sind, statt aufgewärmt oder von übernächtigten Aushilfsfahrern in den vierten Stock gebracht zu werden. Dennoch sollten Sie sich nicht darauf verlassen, dass die sorgfältig zubereitete tägliche Mahlzeit automatisch

mit im Ehevertrag steht. Ob Sie sich über die liebevoll pürierte Kürbiscremesuppe hermachen oder weiterhin einen Teller Ravioli in die Mikrowelle stellen, hängt
weniger von Ihrem Beziehungsstatus als vielmehr von
Ihren Kochkünsten ab.

»Die beste Party ist immer die im Nachbarhaus.«

Als Jojo und ich noch Singles waren, sind wir zusammen für zehn Tage nach Spanien gefahren. Statt die
Sonne zu genießen, verbrachte Jojo einen Großteil dieser Zeit damit, die Liebespärchen zu beobachten, die
Arm in Arm über die Promenade flanierten:

»Sonnenuntergänge, Doppelzimmer und Sonntag-
abende werden erst als Paar so richtig nett. Sobald
ich meine große Liebe treffe, wird sie beginnen, die
schönste Zeit meines Lebens.« Zwei Wochen nach unserer Heimreise lernte sie Basti kennen. In diesem Som-
mer war sie mit ihm auf Ibiza und diesmal beobachtete
sie mit großen Augen die flirtende und baggernde Sze-
nerie in den Clubs: Frauen, die Stunden auf ihr Make-
up und das Enthaaren der Beine verwendet haben.
Männer, die lustige Muschelketten tragen und filmreife
Komplimente machen können. All diese Menschen, die
ein Vermögen investieren, um sich gegenseitig Tequila-
Sunrise zu spendieren.

Basti fragte: »Kaufen wir uns noch ein Eis oder gehen wir zum Bingo zurück ins Hotel?«, und sehnsüch-

tig dachte Jojo: »Wäre doch aufregend, noch mal ungebunden zu sein.« Man muss kein Genie sein, um zu merken: Da kann irgendetwas nicht stimmen. Egal ob Single oder dritter Hochzeitstag, die heißeste Party scheint immer dort stattzufinden, wo wir uns gerade nicht aufhalten. Hat es sie bei Ihnen eigentlich wirklich gegeben, die heißen Zeiten, in denen Sie von attraktiven Männern umschwärmt die Nächte durchflirteten und Ihr Gästeklo mit den Telefonnummern unterhaltsamer One-Night-Stands tapeziert war? Erzählen Sie mir mehr davon, ich bin gerade dabei, ein Märchenbuch zu schreiben.

»Keine Ratte ohne Schwanz.«

Behalten Sie aus sieben Jahren Single-Leben nicht nur jene fünf Minuten in Erinnerung, in denen Sie der charmante Diplom-Betriebswirt nach dem Sommerfest Ihrer Firma geküsst hat. Sofern Sie immer schön regelmäßig Ihre Lecithin-Tabletten genommen haben, erinnern Sie sich sicher auch noch an den Rattenschwanz dieses denkwürdigen Abends: Zwei Wochen lang haben Sie danach arbeitsunfähig auf den Bildschirm Ihres PCs gestarrt und auf einen Wink von ihm in der Hauspost gewartet. Am fünfzehnten Tag gestand er Ihnen dann beiläufig in der Kantine, verheiratet zu sein. In diesen Wochen lagen nicht nur ein gewisses Kribbeln und romantische Sehnsucht in der Luft, sondern auch quälende Selbstzweifel und das stete Summen des Fernsehgeräts an den einsamen Sommerabenden, die Sie in Ermangelung anderer Angebote vor der Glotze verbracht haben. Unterm Strich hat Ihnen diese Romanze mehr verheulte Nächte als Schmetterlinge im Bauch beschert.

Das Leben als Single ist nicht immer so lustig, wie die Langnese-Sommerwerbung es uns glauben machen will. Wenn Sie also wider besseren Wissens von nostalgischer Sehnsucht befallen werden, lassen Sie sich von guten Freunden an die Schattenseiten erinnern. Ihre Freundinnen werden das sicher gerne erledigen. Es sei denn, sie sind gerade selbst damit beschäftigt, Hochzeitsfotos anzuschauen, um sich rührselig an den einzigen Tag in drei Jahren Ehe zu erinnern, an dem er ihr zuliebe nicht zum Training gegangen ist.

Die Frau fürs Klo

Die Karrieren in diesem Lande sind begrenzt. Frauen können Pilotin oder Bundeskanzlerin werden, doch bis zum Wagenmeister im Maritim-Hotel oder zum Burger-King schaffen sie es nicht. Aber auch Männern sind Grenzen gesteckt. Wenn es gut läuft, steigen sie in der

Gunst der Frauen vom »süßen Typen, von dem ich dir erzählt habe« zum »Liebsten« und nach dem Zusammenziehen zum »Bärchen« auf. Manchmal entwickeln sie sich auch vom »Bekannten aus dem Internet« zu »bloß einem guten Freund«, bevor sie unter Zuhilfenahme von zwei Litern Chianti während eines Wochenendes auf Amrum dann endlich doch unser »Freund« werden.

Von Frau zu Frau gehen wir manchmal sogar noch ein Stück weiter. Vielleicht sehen Sie sich eines Tages mehr oder weniger zufällig mit einer Bekannten ein paar Kinofilme an. Anschließend erzählen Sie der anderen von Ihrem Liebeskummer und Ihrer Angst vor dem neuen Job, und eine von Ihnen leiht der anderen ihre Skihose. Mit etwas Glück befördern Sie sich anschließend von der Bekannten zur sogenannten »besten Freundin«, ohne dass Mann versteht, warum gerade Sie und jetzt und hier.

Franka und Jojo haben diesen Ehrenstatus in meinem Leben inne. Dabei sieht es auf den ersten Blick gar nicht so aus. Zwar haben wir kostbare gemeinsame Erinnerungen, aber chronisch zu wenig Zeit füreinander, und keine von uns wäre bereit, für die andere Steuerklasse fünf in Kauf zu nehmen. Alles in allem würden wir für unsere beste Freundin nicht unseren Mann verlassen, aber falls wir ihn eines Tages verlassen – so viel ist sicher –, dann wird unsere beste Freundin da sein

und uns auffangen. Eine ganz normale Frauenfreundschaft also.

In der Regel halten wir Freundinnen für unerheblich,
wenn es um das Funktionieren in der großen Liebe
geht.

Doch ihre ausgleichende Wirkung auf die Liebe wird
viel zu oft unterschätzt. Besonders Franka liegt mir am
Herzen. Wenn es sie nicht gäbe, wären Jens und ich
sicher nicht mehr zusammen:

- Sie erwartet einen unterhaltsamen Abend und keine
  Tapferkeitsmedaille, wenn sie mit mir zum »Funny
  van Dannen«-Konzert geht.
- Sie verzichtet auf spitze Bemerkungen, wenn ich
  wieder einmal vergesse, den Topfdeckel auf die spru-
  delnden Kartoffeln zu tun.
- Ich kann ihr von meinem letzten Traum erzählen,
  eine Nacht mit Michael Ballack zu verbringen, ohne
  dass sich ihre Miene verfinstert und sie sich für den
  Rest des Tages hinter ihrem Computer verschanzt.
- Ich kann ihr sogar erzählen, was der schwarze Pullover gekostet hat, der – laut Jens – genauso aussieht
  wie die anderen fünf schwarzen Pullover, die ich im
  Schrank habe.
- Und erfreulicherweise braucht sie zwei Milchkaf-
  feelängen, um mir auf die Frage »Wie war dein Tag?«

zu antworten, statt nur zu murmeln »Normal« und sich in die Fernsehzeitschrift zu vertiefen.

Solange der Mann unserer Träume nicht mit uns aufs Damenklo kommt, brauchen wir für das Gelingen unserer Partnerschaft eine beste Freundin.

Tom Jones soll einmal gesagt haben: »Auf meinen Audi TT kann ich verzichten, aber mindestens einmal am Tag brauche ich eine Frau.« Vielleicht zum ersten und letzten Mal in unser beider Leben stimme ich ihm aus vollstem Herzen zu. In manchen Situationen reichen nicht einmal Männer wie Jens.

Daher wäre es fatal, das eigene Lebensgefühl als Frau ausschließlich von einem Geschlecht abhängig machen zu wollen, das den Ficus auf den Bürofensterbänken dieser Welt ebenso verkümmern lässt wie sein zweites X-Chromosom. Frauen haben nun mal eine höhere Lebenserwartung als Männer. Sie erwarten ein Happy End im Spielfilm, eine Wohnungseinrichtung, die diesen Namen verdient, sowie tiefsinnige Gespräche auch unter der Woche. Um die Erfüllung solcher Sehnsüchte müssen sich Frauen wohl oder übel selbst kümmern.

Beruhigenderweise ist auch die Natur femininen Geschlechts. Sie hat verständnisvoll vorgesorgt, indem sie das Phänomen »Frauenfreundschaft« erfand. Es gibt kaum etwas, was erwartungsfreier ist. Von meinem Mann erwarte ich Mitarbeit im Haushalt, Mitdenken in puncto Verhütung und alles in allem, dass er nicht nur an Weihnachten für Höhepunkte in meinem Leben sorgt. Vom Gemüsehändler erwarte ich Frische, vom ZDF Heimatmelodien und vom Kettler-Alu-Rad rostfreie Beständigkeit.

Nur von meinen Freundinnen erwarte ich überhaupt nichts Spezielles. Wir gönnen uns einfach das, was wir an Zeit, Gefühlen und Klamotten übrig haben und alles, was wir einander bieten, beantworten wir mit überschwänglicher Dankbarkeit. So gesehen ist das Leben als Mann an meiner Seite ungerecht. Glauben Sie, ich würde mit gleicher Seligkeit dahinschmelzen, wenn Jens nach einem halben Jahr Auslandspraktikum endlich wieder mal einen Nachmittag Zeit für mich fände und wir uns auf einen Kaffee in der Innenstadt träfen?

Wahrscheinlich würde ich schon den Abstecher zum Damenklo nutzen, um meine beste Freundin anzurufen und zu jammern: »Ich weiß gar nicht, ob er mich noch wirklich liebt...« Ein Vorwurf, den ich Franka niemals machen werde. Undankbar, was?

was hat uelzen, was ich nicht habe?

Manche Ratschläge verlieren ja schneller an Aktualität als die Preise der Deutschen Bahn. Wie war das noch gleich? Für das Gelingen jeder Partnerschaft braucht es eine beste Freundin? Wenn das stimmen sollte, dann wird es zwischen Jens und mir bald vorbei sein. Franka ist weggezogen!

»Ich werde mich nie daran gewöhnen, dass sie fort ist!«, jammere ich. »Seit ich in dieser Stadt bin, hat Franka dort um die Ecke am Geibelplatz gewohnt. Ich konnte jederzeit bei ihr vorbeikommen, und wir haben alles miteinander geteilt.«

»Oh ja, du hast ja sogar ihre überteuerte Mitgliedschaft bei ›Vita Woman‹ übernommen....«, bestätigt Jens mir. Franka und ich spürten immer eine besondere Nähe zueinander. Kein Wunder, schließlich trennten uns nur 270 Meter Luftlinie. Selbst die Postleitzahl hatten wir gemeinsam, doch dann bekam sie dieses einmalige Stellenangebot in Uelzen-Süd. Ehrlich gesagt hätte ich damit rechnen müssen, dass sie wegzieht. Sie hat nur das getan, was in dieser Stadt kurz oder lang mit allen netten Menschen aus unserem Freundes- und Bekanntenkreis passiert.

Je überzeugter Menschen um die dreißig
das Leben in der Stadt preisen, umso
wahrscheinlicher ist es, dass sie in Kürze
eben diesen Ort verlassen werden.

Dafür gibt es zwei Gründe. Die erste Gruppe zwingt der
Job in eine andere Gegend, so wie meinen Cousin Max
und seine Freundin. Nach achtzehn Semestern Studium
in getrennten Orten sind Sabine und er endlich in eine
gemeinsame Wohnung gezogen. Doch statt vom ers-

ten Kind sprachen sie kurz danach nur noch von der Zweitwohnung, weil sich Max die einzige Stelle als Geologe im dreihundert Kilometer entfernten Saarbrücken geboten hat.

Motivierte Mitarbeiter erkennt man heute nicht mehr an den Überstunden und der originellen Diddl-Maus-Tasse in der Teeküche, sondern an ihrer Bereitschaft, von heute auf morgen Clubmitgliedschaften, Freundschaften und fünf Zimmer mit Südbalkon aufzugeben, um von Marburg nach Aurich zu ziehen. Es gehört schon so sehr zur Normalität, als sei der Alltag ein einziges nicht enden wollendes Interrail.

Die zweite Gruppe meines dahinsiechenden Bekanntenkreises vollzieht diesen Schritt freiwillig. Ja, sie tut sogar, als folge sie mit ihrem Wohnortwechsel einer inneren, seit ihrer Kindheit glühenden Sehnsucht, die sie nur rein zufällig während keines unserer Telefonate erwähnt hat. Jahrzehntelang haben sie das Großstadtangebot mit Theater, Bioläden und hoch spezialisierten Fachärzten gelobt. Übermorgen ziehen sie zu ihren Eltern nach Lüchow. Komischerweise drängt es all unsere Bekannten ausgerechnet in solche Gegenden, in denen sie ihre heiß geliebte Yogaschule, die beruflichen Kontakte als Grafikerin und die dringend benötigte Anbindung an den Flughafen garantiert nicht haben.

Die meisten bevorzugen das Landleben mit der Begründung, man habe eine höhere Lebensqualität dort.

Zeugt es von Lebensqualität, wenn man ohne Zweitwagen nicht einmal zum Briefkasten kommt? Wenn man sämtliche Geburtstage, Silberhochzeiten und Führerscheinprüfungen im selbst gefliesten Partykeller vor der Fototapete feiert, weil die nächste Kneipe dreizehn Kilometer entfernt ist und den ansprechenden Namen »Warsteiner Treff« trägt?

Und dennoch ziehen sie alle weg. Selbst Willi T. aus K., der unlängst auf der Titelseite der »Bild« behauptete, der erste Mensch zu sein, den man aus der Körperzelle einer hessischen Nacktschnecke reproduziert hat, kauft sich vom so verdienten Geld ein Haus in Twistringen, weil seine Mutter da wohnt.

Es bleibt unseren Freunden natürlich nicht verborgen, dass sie die Liebe zwischen Jens und mir auf eine harte Probe stellen. In der Regel beginnen die Stadtflüchtlinge deshalb sehr bald, sich für ihr Landleben zu rechtfertigen. »Der Blick aus dem Hauswirtschaftsraum ist einfach unbeschreiblich…« oder »Natürlich nervt es mich, wenn meine Schwiegermutter jeden Sonntag mit Selbstgekochtem auf der Matte steht, aber so ist halt der soziale Zusammenhalt hier. Dafür können wir dann auch auf sie zurückgreifen, wenn's mal Probleme gibt!« Während sie das sagen, sehen sie aus, als wäre ihr größtes Problem schon eingetreten, und zwar mit einem großen Topf Hühnersuppe in der Hand.

Menschen, die in der Großstadt wohnen bleiben,

rechtfertigen sich nicht. Sie sind allerdings auch viel zu beschäftigt, ihren Kleinwagen in der zwei Kilometer entfernt angemieteten Garage zu parken oder Überstunden zu machen, um die Schallschutzfenster für den denkmalgeschützten Altbau finanzieren zu können.

Egal, welche Gründe Thorsten und Renate, Michaela, Christiane und Mike auch haben mögen – manchmal habe ich es so satt, dass sich mein Freundeskreis mittlerweile auf Mails und Wochenendurlaube konzentriert! Wie gerne hätte ich meine Freundin Franka bei der Geburt meiner zweiten Tochter dabei. Stattdessen werde ich mich mit ihren SMS begnügen müssen: »Pressen, Liebes! Du machst das toll :-))«

Jens versucht, mich zu beruhigen. »Wir bleiben für immer hier«, sagt er, und um mich von der Ernsthaftigkeit seiner Absichten zu überzeugen, verankert er die Kinderschaukel zum Entsetzen unserer Vermieterin mit dem 15er-Bohrer im Türrahmen zum Wohnzimmer.

Fast scheint es, als sei es mir gelungen, meine Liebe zu Franka ersatzweise auf Jens zu übertragen, und leidenschaftlich gestehe ich ihm: »Für mich gibt es niemanden außer dir!« Das ist nichts als die Wahrheit, denn schließlich haben es alle anderen vorgezogen, an ihrer Karriere in Süddeutschland oder ihrem Carport im Emsland zu basteln.

Doch wieder einmal zeigt sich, dass sich alles wie

von selbst regelt, wenn Sie die Dinge einfach laufen lassen – beziehungsweise fahren, und zwar in einem 7,5-Tonner mit hydraulischer Hebebühne.

> Nachdem Sie das zehnte Wochenende in den Umzug eines guten Bekannten investiert haben, werden Sie alles für die Stabilität Ihrer Liebe tun, um ja nicht auch noch selbst auf Wohnungssuche gehen zu müssen.

Ja, unserer Beziehung bekommt die Umzugswelle tatsächlich sehr gut, denn wir haben jetzt viel Zeit füreinander. Keine Rede davon, dass wir uns unbemerkt auseinanderleben könnten. Wir sind uns gegenseitig Sport- und Fernsehpartner, beste Freundin und Saufkumpane. Seit Thorsten das Auslandsstipendium in Kanada angenommen hat, begleite ich Jens zum Joggen. Um sich zu revanchieren, schluchzt er dermaßen herzzerreißend neben mir in der Spätvorstellung, wie es sonst nur Sabine konnte, die aber letztes Jahr nach Nordrhein-Westfalen abgewandert ist.

Mittlerweile lassen Jens und ich gute Freunde und lieb gewonnene Bekannte deshalb seelenruhig in die zwei Autostunden entfernten Einfamilienhaus-Gettos ziehen. Jeder Umzugswagen, der aus der Südstadt rollt, lässt uns in unserer Verlassenheit noch näher zusammenrücken.

So verbringen mein Mann und ich unseren Alltag manchmal etwas einsam, aber voller Harmonie.
Gelegentlich sitzen wir abends noch eine Weile am
Klapptisch »Ingo« auf dem kleinen Balkon. Dann betrachten wir am Horizont den steten Verkehrsfluss
auf dem Messe-Schnellweg und schreiben Postkarten
an unsere Freunde in aller Welt. Und wenn die unter-
gehende Sonne in die große Kastanie neben dem Parkplatz fällt, fühle ich mich ein klein wenig wie im Ge-
werbegebiet in Uelzen-Süd.

Hochzeit auf der Titanic

Alltagskrisen und andere Ausnahmezustände

PMS im Bundestag

Wenn sich der Job als Autorin mal nicht mehr so recht lohnt, sodass ich meinen Butler entlassen muss und mich die wöchentliche Reinigung des Schwimmbeckens finanziell überfordert, steht es mir immer noch offen, beruflich umzusatteln. Da ich allerdings nicht einmal einen Dreisatz bewältige, brauche ich mich bei Architekten und als Steuerberaterin wohl kaum zu bewerben. Als Bewässerungstechnikerin in der Sahara wäre ich besser geeignet. Das liegt an meiner hormonellen Disposition. Ein vornehmer Ausdruck für etwas, das sich in den Tagen vor den Tagen in weniger vornehmen Heulattacken und unreiner Haut äußert.

Für mich ist es ein Zeichen besonderer Sensibilität und Fraulichkeit. Für Jens ist es das Unberechenbarste, was ihm seit der T-Aktie begegnet ist. An einundzwanzig Tagen im Monat lebt er mit einer gesitteten Mitteleuropäerin zusammen, die ihre Emotionen unter Kontrolle hat, ihren Kaffee am liebsten schwarz trinkt und zum Arbeitskreis »Rauchfreie Gastronomie« geht. Doch dann löst sich die gleiche Frau in ihrem Weltschmerz auf wie ein Aspirin plus C im Wasserglas.

Meine Oma sagt: »Vertrauen ist die Basis einer jeden guten Beziehung.« Oma kennt sich aus, schließlich hat sie mehr Ehejahre hinter sich gebracht, als ich in meinem Leben jemals Kinofilme sehen werde. Dennoch muss ich ihr widersprechen:

> **Eine eingespielte Hormonlage**
> **ist die Basis einer guten Beziehung.**

Entschuldige, Oma, aber das Wechselspiel von Östrogen und Testosteron sorgt schließlich für einige Turbulenzen in der Liebe, und wie soll Jens Vertrauen zu einer Frau aufbauen können, die von biochemischen Prozessen getrieben Teller an die Wand schmeißt?

Es lohnt sich also, etwas über die Hormone einer Frau zu sagen. Folgende Phänomene sind kein Grund zur Trennung, sondern lediglich eine Laune der Natur:

1. Manche Frauen essen an den Tagen vor den Tagen, als bereiteten sie sich auf ein Dschungel-Camp oder eine Drillingsschwangerschaft vor.
Sie essen alles, was viel Zucker enthält, was salzig ist oder in 500-Gramm-Packungen angeboten wird. Sie essen Dinge, die sie seit der letzten Tunesienreise nicht mehr auf dem Teller hatten, und all das, was sie ihren Kindern seit Jahren verbieten. Wenn Sie also eine Frau, die sonst vegetarisch kocht, dabei beobachten,

wie sie sich auf öltriefendes Zwiebelfleisch stürzt, dann lässt das nicht automatisch darauf schließen, dass sie schwanger ist. Genauso gut kann ihr Verhalten ein Vorbote dafür sein, dass bald die Bestätigung des Gegenteils eintritt.

Das Zwiebelfleisch, die Chips und die letzten fünf Butterbrote mit Erdnussmus werden nicht ohne Wirkung bleiben, denn:

2. Manche Frauen sehen an den Tagen vor den Tagen anders aus.

Sie bekommen Pickel wie in der neunten Klasse. Im Unterschied zu damals müssen sie sich allerdings nicht mit »Clearasil« begnügen, sondern leisten sich einen Abdeckstift für zweiundzwanzig Euro. Vielleicht bekommen sie zusätzlich einen aufgeblähten Bauch, dagegen hilft leider nicht einmal der. Meine Frauenärztin behauptet, daran seien Wassereinlagerungen schuld. Wenn sie recht hat, bin ich das Zeug ja bald wieder los, denn:

3. Manche Frauen haben an den Tagen vor den Tagen näher am Wasser gebaut als die Restaurantbesitzer der Sylter Nordküste.

Sonntagmorgen beispielsweise waren Jens und ich bei seinem Kollegen Reinhard zum Brunch eingeladen. Ich mag ihn nicht, weil er mich an Jürgen Drews erinnert.

Wir konnten seine Einladung aber leider nicht ableh-
nen, weil man unter Kollegen schlecht sagen kann:
»Meine Frau bekommt morgen ihre Tage. Da reagiert
sie allergisch auf Hühnereiweiß und schmierige Typen
wie dich.« Wie erwartet, stürzte sich der Hausherr
sofort auf meinen Liebsten: »Schnaps, Wein, Bier? Oder
isses dir dafür noch zu früh?« Jens konterte großspurig:
»Bier kann ich immer!«

»Deine Schnecke nimmt wohl lieber Kindertee,
watt?«, wandte sich der Gastgeber mir zu und glotzte
mir ins Dekolleté. »Wein' kann ich immer«, sagte ich
und brach in Tränen aus.

Reinhard grinste hämisch. Zu seinem Glück igno-
rierte ich ihn zugunsten einer Packung Taschentücher.
Hätte er mich in anderer Stimmung angetroffen, dann
wäre ihm sein solariumgebräuntes Lachen schnell ver-
gangen, denn:

**4. Manche Frauen kriegen an den Tagen vor den Tagen
Wutanfälle in den Dimensionen eines Wal-Marts.**
Wenn sie sich am fünfundzwanzigsten Zyklustag etwas
in den Kopf gesetzt haben, sind sie durch nichts und
niemanden – höchstens Häagen Dazs der Sorte »Maca-
damia Nut Brittle« – zu stoppen. Sie sind unbestech-
lich, gnadenlos und von mörderischer Energie. Es ist
erstaunlich, dass dieses Phänomen bisher so wenig genutzt wurde.

Die finanzielle Lage unseres Landes sähe anders aus, wenn Expertinnen mit entsprechender Hormonlage in regelmäßigen Abständen die Haushaltskasse des Bundes kontrollieren würden, um die politische Elite vor versammeltem Hause zur Rede zu stellen: »Kann mir irgendjemand erklären, was das hier soll?«, würde sie mit hochrotem Kopf durch den Bundestag brüllen und wild mit einer geschönten Spesenabrechnung wedeln. »Und wenn ich mir hier weiterhin Ihre Märchenstunde zur Arbeitsmarktpolitik anhören muss, nur weil Sie Ihre Hausaufgaben nicht gemacht haben, setzt es was, ist das klar?« Zähneknirschend und mit gesenkten Köpfen würden sie alle an ihre Arbeit zurückkehren und schnell die Kürzungen im Sozialbereich zurücknehmen, denn sie wüssten genau: In achtundzwanzig Tagen wird sie wieder auf der Matte stehen, die eiserne Lady mit den Argusaugen und den erhöhten Testosteron-Werten.

Aber auch gegen Fußballrowdys oder dumm-dreiste Parolenbrüller wären die sogenannten PMS einzusetzen. Strategisch günstig in Fußgängerzonen und an den Eingängen der Fußballstadien postiert, würde ihr grollender Blick ausreichen, um jeden noch so dosenbiergetränkten Fan vom Freiburger FC in seine Schranken zu weisen.

Und letztendlich ließe sich selbst in der Schädlingsbekämpfung die Giftspritze umweltschonender durch eine bald menstruierende Frau ersetzen.

Jede von uns kennt das eine oder andere dieser Phänomene aus eigener Erfahrung. Ich kann mit Fug und Recht behaupten, sie alle zu kennen. Zu Jens' Leidwesen scheinen sie bei mir etwas deutlicher ausgeprägt als bei anderen.

Wenn Sie ebenfalls zu diesen Frauen gehören, dann nutzen Sie Ihre Situation und gehen Sie in die Politik. Mit entsprechender Veranlagung haben Sie gute Chancen auf eine Führungsposition.

Wenn Sie der Mann einer solchen Frau sind, dann halten Sie sich an Reinhard Mey: Jens hat mittlerweile vorgesorgt und sich an allen strategisch wichtigen Punkten einen Kalender aufgehängt. So wie Reinhard Mey beim Betreten des Hotels als Allererstes den Notfallplan an der Zimmertür seines Hotels inspiziert, genügt Jens neuerdings ein kurzer Blick auf den Kalender, und schon kann er abschätzen, in welcher Zyklusphase ich mich gerade befinde. Eine dieser Monatsübersichten hängt in seinem Büro (falls ich schluchzend anrufe), eine klebt am Armaturenbrett seines Wagens (falls ich seine Fahrweise kritisiere) und eine in der Küche (falls er sich wundert, wohin der Schokoladenpudding verschwunden ist). Selbst auf dem Heimweg informiert ihn die Großbildleinwand in der U-Bahn-Station: »City-

News: Hannover 96 droht Abstieg in die zweite Liga! – Umbauarbeiten am Waterlooplatz! – Sinkende Östrogenwerte deiner Frau!«

So informiert kann uns bis zum Beginn der Wechseljahre eigentlich nichts mehr überraschen.

Eine Nacht mit Heinz Sielmann

Franka sagt: »Selbst Piloten gehn mal in den Keller.«

So gesehen kann ich es ja zugeben: Ja, auch Jens und ich hatten nicht nur Höhenflüge. Es scheint sich einfach nicht umgehen zu lassen, dass man in längeren Beziehungen auch mal durch tiefe Krisen muss. Ich erinnere mich noch an die Zeit vor ein paar Jahren. Damals stand unsere Beziehung kurz vor dem Aus. Frustriert rief ich bei Cord an, um mich mit ihm zu verabreden.

Der Gute dachte sich natürlich schon, worum es geht, denn wenn ich mit ihm im »Gretchen-Biergarten« lande, bedeutet das in der Regel, dass zwischen Jens und mir irgendetwas im Argen liegt. Für den Wirt bedeutet es, dass der Tisch hinten links bis weit nach Mitternacht besetzt bleibt und er eine Menge an Hefeweizen und Spinatpizza verdienen wird. Da sitzen wir dann und unterhalten die umliegenden Tische mit bierseligen Philosophien über Gott und die Welt der Geschlechter.

So war es auch damals. Kaum standen die Halblitergläser auf dem Tisch, schilderte ich mein Leid: »Bei uns im Bett ist immer noch tote Hose. Jens hat gesagt, wenn nicht bald was passiert, dann finge er was mit seiner Praktikantin an«, jammerte ich und biss betrübt in meine Pizza.

»Ich denke, dein Liebster mag keine Brünetten«, meinte Cord und biss beherzt in meine Pizza.

»Ja, eben. Er sagt, wenn es mit der Frau, die er mag, nicht klappt, dann würde er es halt mit einer probieren, die ihn eigentlich kaltlässt. Jens behauptet, das sei Homöopathie.«

Cord war erschüttert. So kannte er uns gar nicht. Ich uns auch nicht. Langsam, aber schleichend hatte sich friedliche Langeweile breitgemacht, und statt heißer Leidenschaft herrschte Harmonie plus Fernbedienung. Zwar waren unsere aktivsten Zeiten schon eine ganze Weile her, aber viel ausprobiert haben Jens und ich eigentlich immer. Schließlich waren wir uns im Open-Air-Kino bei »Harry und Sally« über den Weg gelaufen, und da war uns schon klar, dass der kalte mexikanische Steinfußboden zum Pflichtprogramm gehört, wenn wir es bis in den Nachspann schaffen wollten.

Also haben wir im Autokino gefummelt und romantische Nächte im Aldizelt verbracht. Und wenn wir auch noch nicht in einem Swinger-Club waren, so hatten wir zumindest gemeinsam im Internet nach Adressen in der Umgebung gesucht. Auch das kann eine Beziehung sehr beleben.

Nicht, dass wir die Extravaganzen wirklich gebraucht oder im tiefsten Inneren gewollt hätten. Ich persönlich finde es im Bett eigentlich gemütlicher als auf Rücksitzen und in feuchten Schwimmbadkabinen. Aber unserer Generation wurde das Leistungsdenken nun mal mit der Milupa-Milch eingeflößt. Da ist es beruhigend, sich durch eine akrobatische Partnermassage auf den Badezimmerfliesen zu bestätigen, zeitgemäß, aufgeschlossen und körperbewusst zu sein.

Außerdem war es jedes Mal prickelnd, Cord ein paar Tage später im Biergarten von unseren lustvollen Experimenten erzählen zu können. Auch an jenem Samstag sparte er nicht mit seiner ehrlichen, wenn auch wenig hilfreichen Meinung:

»Du musst etwas für dein Sexualleben tun.«

»Du hast recht«, stimmte ich ihm zu. »Manchmal überlege ich, ob du und ich nicht doch miteinander...?«, aber Cord wehrte ab:

»Um Himmels willen, du weißt, ich habe eine Schwäche für dich, aber auch einen ebenso ausgeprägten Heuschnupfen. Techtelmechtel auf der Waldlichtung sind nichts für mich.« Er nahm einen Schluck und fügte ernst hinzu: »Nicht mal mit dir.«

Stattdessen holte er sich ein zweites Hefeweizen und erzählte mir von seiner bulgarischen Uroma: »Die Leute im Dorf nannten sie die ›Liebesmacherin‹. Für Paare mit Problemen hatte sie immer den gleichen Tipp.« Und der lautete:

**Wenn's Ihnen im Bett zu langweilig wird,
dann zeugen Sie doch ein Kind.**

Mir blieb fast der Schafskäse im Halse stecken. Sprach Cord von schlüpfrigen Rollenspielchen, oder sollen Jens und ich tatsächlich…?

»Natürlich. Meine Oma hatte einen siebten Sinn, aber keinen für Humor. Eure Freunde werden beeindruckt sein, wenn du ihnen davon erzählst.« Er grinste mich über den Tisch hinweg an: »Darauf legst du doch immer gesteigerten Wert.«

Dieses Argument überzeugte auch Jens. Also wanderten die Kondome in den gelben Sack, und wir stürzten uns ins Paarungsverhalten, mal nicht um Spaß zu haben, sondern um uns fortzupflanzen.

Sie wollen wissen, ob es sich gelohnt hat? Gibt es einen größeren Kick, als zu wissen, dass man sich am großen Karussell des Lebens beteiligt, auf das Stubenfliegen und Pantoffeltierchen ebenso aufspringen wie Ostfriesen, Dinosaurier und Joghurtkulturen? Vermehrung und Erhaltung des eigenen Erbguts! Warum waren wir nicht selbst darauf gekommen?

In dieser Nacht lagen Brunftschreie und ein urwüchsiger Hauch von Arterhaltung und Zukunftsmusik in der Luft. Wenn ich bis zum Morgengrauen an irgendeinen anderen Mann gedacht haben sollte als an Jens, dann wird es vermutlich Heinz Sielmann gewesen sein.

Drei Monate nach der Geburt unserer Tochter ließen ihre Koliken nach, und ich traf mich mal wieder mit Cord. Lang war es her, seit wir uns das letzte Mal gesehen hatten, und diesmal saßen wir nicht im Biergarten, sondern in unserer Küche. Ich schenkte mir ein alkoholfreies Bier ein.

»Willst du auch eins? Soll ja milchbildend sein...«

»Nein, danke«, winkte Cord ab. Irgendwie schien er mir ungewohnt zögerlich, wie er so zwischen kalten Pizzaresten und Wäschebergen auf der Stuhlkante kauerte. Ich stellte ihn zur Rede: »Du wirkst irgendwie verändert.«

»Musst du gerade sagen«, murmelte er damals mit Blick in mein blasses Gesicht und auf die Trainingshosen in Größe XXL und fügte etwas lauter hinzu: »Ich bin mir nicht sicher, ob ich eurem Sexualleben den richtigen Tipp gegeben habe.«

Doch da konnte ich meinen alten Freund beruhigen. »Unglaublich, die Langeweile im Bett ist wie weggewischt!« Trotz meiner Begeisterung sah Cord nicht so aus, als wolle er die Lebensweisheiten seiner Uroma auf der Stelle mit seiner neuen Freundin Nadine umsetzen.

»Wenn's ganz arg kommt«, versuchte ich ihn zu überzeugen, »dann tun Jens und ich es jetzt sogar wieder auf dem Küchentisch, in der Badewanne oder im Autokino. Hauptsache schlafen!«

Zwei Wochen später hatte auch Franka von den Wiederbelebungsversuchen bulgarischer Urahnen Wind bekommen. Am Telefon erteilte sie mir eine entsprechende Rüge: »Es hat mich die letzten vierzehn Tage gekostet, um meinem neuen Freund Olaf ein Bewusstsein für Verhütungsmittel einzuimpfen, und nun soll ich ihn wieder zurückpfeifen? Du hast leicht reden.«

Sie hat recht. Ich habe leicht reden. Das Familienministerium belohnte mich für dieses Kapitel mit einer großzügigen finanziellen Unterstützung, mit der ich problemlos den 24-Stunden-Service meiner Putzfrau und den polnischen Pizzabringdienst finanzieren konnte. Oder war es umgekehrt? Da lässt es sich natürlich leicht mit Erbgut um sich schmeißen.

Aber ich will Frankas Liebesglück nicht im Wege stehen (und obendrein hoffe ich auf einen zusätzlichen Sponsorenvertrag mit der Latexindustrie). Deshalb rate ich Ihnen von Herzen: Lesen Sie bitte unbedingt auch das folgende Kapitel. Betrachten Sie es als das Kleingedruckte, in das es sich lohnt hineinzuschauen, bevor Sie Ihre Zukunft blind bulgarischen Verwandten anvertrauen.

verhüten Sie das Schlimmste, falls Sie keine Kinder wollen

Wie ich so kommt fast jede Frau irgendwann in ihrem Leben an den Punkt, an dem sie sich bewusst für oder gegen ein Kind entscheiden muss. Wenn Sie sich für die Mutterrolle nicht berufen fühlen, dann sollten Sie zuallererst Ihren Mann dazu bringen, sich ohne fremde Hilfe sein Mittagessen aufzuwärmen und sich mal einen Samstagabend alleine zu beschäftigen. Zusätzlich sollten Sie verhüten.

Verhütung ist ja ein lustiges Thema. Noch immer gibt es genügend Männer, die den Bio-Leistungskurs als Jahrgangsbester verlassen haben und noch immer glauben, es reiche aus, den Kopf in den Sand zu stecken, um Vaterpflichten abzuwenden. (Eigentlich meine ich natürlich gar nicht »den Kopf« und nicht »den Sand«, aber möglicherweise werfen auch Kinder unter zwölf einen Blick in dieses Buch.)

Meistens sind gerade jene Bettgenossen besonders gedankenlos, die Fünfjährige erklärtermaßen nur auf einer Packung »Kinderschokolade« sympathisch finden. Das Einzige, was sie zuverlässig verhüten, ist das Thema Kondome. Was geht im Kopf dieser Männer vor, die an lauen Sommerabenden freundschaftliche Kontakte zu Arbeitskolleginnen oder Exfreundinnen pflegen und sich lieber eine halbe Stunde um die passende musikalische Untermalung kümmern, statt vier Sekunden in die Frage »Nimmst du eigentlich die Pille?« zu investieren? Glauben sie, durch die in »Men's Health« empfohlene Tantra-Technik die Unfruchtbarkeits-Chakren der Frau massieren zu können? Das nenne ich Optimismus, wo die gleichen Typen meist noch nicht mal den G-Punkt finden und den Parkplatz vor dem »Media-Markt« für eine erotische Zone halten.

Einige Männer sagen: »Das Schlimmste? Verhüten!«, während Frauen durch den entschlossenen Griff nach einem Kondom das Schlimmste verhüten, nämlich sich mit einem solchen Partner fortzupflanzen, bevor sie Zeit für die Erkenntnis finden, dass er dafür nicht geeignet ist.

Jemand, dem es schon zu umständlich ist, ein Stück Folie aufzureißen, wird sich wohl kaum auf leere Getränkekisten und den stinkenden Windeleimer stürzen, um das Objekt seiner Begierde auch nächstes Jahr noch glücklich zu machen. Wer behauptet, 0,02 Millimeter Gummi zerstöre jede Romantik, den werden Schwangerschaftsstreifen, weinende Babys, herrenlose Legosteine unter dem Kopfkissen und der vorangegangene 18-Stunden-Tag im Bett nicht unberührt lassen. Von Aids und anderen Krankheiten wollen wir hier mal ganz absehen, wenn wir schon vom »Schlimmsten« reden. In der Regel stirbt man an Kindern ja wenigstens nicht, auch wenn Frau nach zehn Stunden Wehen kurzfristig daran zweifelt.

Jürgen, mein Ex aus Oldenburg, ist auch so einer. Das Wörtchen »Ex« macht vielleicht schon klar, dass ich Jürgen nicht unbedingt für ein glänzendes Vorbild in puncto Liebesleben halte. Und das nicht nur, weil sein Repertoire, eine Frau zu verwöhnen, sich auf fleischgefüllte Brotfladen und seine Xavier-Naidoo-CDs beschränkt. Da, wo ich von der großen Liebe als »Pretty Woman« träume, orientiert er sich emotional lieber an MTV: viele Schnitte und schnell wechselnde Einstellungen. Wenn ich damals nicht immer das Zepter in die Hand genommen hätte, um Jürgen eins überzuziehen, dann wäre ich heute wohl immer noch mit ihm zusammen, weil uns die Versorgung der vier Kinder keine Zeit für die Scheidungsformalitäten lassen würde. Auch eine Art der Paartherapie. Sie sollten sich also rechtzeitig Gedanken machen, ob Sie im nächsten Sommerurlaub mehr als ein Bauchnabel-Piercing unter Ihrem Herzen tragen wollen. Wenn Sie zurzeit keine Kinder wollen, dann verhüten Sie doch.

Streiten Sie nur, wenn Kinder dabei sind

Manche Paare tun es zweimal die Woche, andere jeden Tag. Die ganz Extremen halten sich nicht einmal in der Umkleidekabine von »Karstadt« oder in Gegenwart von Freunden zurück. Zankereien gehören nun mal zur Liebe. Ich halte Zoff für eine gute Sache und das nicht nur deshalb, weil es am Stephansplatz eine ausgezeichnete Schlachterei dieses Namens gibt.

Diese Momente, in denen es zwischen uns knallt wie die Böller an Silvester 2000, gehören zu den besten Gelegenheiten, sein Gegenüber kennenzulernen. Schließlich zieht man so seine Schlüsse, wenn jemand seit Jahren als Hygienetechniker arbeitet, aber das zwei Wochen alte Rindergehackte keifend mit den Worten kommentiert: »Stell dich nicht so an. Die grünen Stellen habe ich alle weggemacht...«

Lebenskünstler wissen Streitigkeiten zu schätzen. Nur was sich liebt, das weckt sich mit den Worten: »Scheiße, Mann, wo hast du die Autoschlüssel hingelegt?« Also, haben Sie nur keine Hemmungen!

Bedenklich werden Alltagsreibereien dann, wenn Ihre Nachbarn eine Schallschutzmauer beantragen, obwohl die Autobahn acht Kilometer entfernt liegt. Doch so weit muss es ja nicht kommen. Wir raten:

Streiten Sie nur vor den Kindern.

Mit dieser Regel können Sie tief gehende Beziehungs-
probleme getrost der Großen Koalition überlassen,
denn erst Kinder halten Ihre Meinungsverschiedenhei-
ten in leichtem und natürlichem Fluss.

Der Diktiergerät-Effekt:
Ein Kinderkopf bietet mehr Speicherplatz als ein neuer
PC. Irgendwo dort oben werden schlimme Wörter und
dumme Gedanken zuverlässig eingebrannt. Wenn Sie
also die Worte »frigide Zicke« nicht in Gegenwart Ihrer
Nachbarin hören wollen, mäßigen Sie sich in Gegenwart Ihrer Kinder automatisch auf ein sozial verträgli-
ches Mittelmaß.

Der Schmuse-Effekt:
Es schreit sich so schlecht, solange einem ein ein-
jähriges Schmusekind in den Kragen sabbert oder ein
Vierjähriger auf Ihren Schoß klettert, um seine neueste
Lego-Konstruktion vorzuführen.

Der Butler-Effekt:
Sie brauchen kein Porzellan mehr zu zerschmeißen und
nachts um 23 Uhr nicht mehr durchs Haus zu brüllen.
Das machen jetzt Ihre Kinder für Sie.

Der »Zeit ist knapp«-Effekt:

Spätestens nach einer halben Stunde ist eh Schluss mit zermürbenden Diskussionen und sinnlosen Vorwürfen, denn um 16:30 Uhr muss die Große zum Schwimmkurs, der Kleine hat einen Termin beim Logopäden, und in zehn Minuten kommt der Typ von der Hausverwaltung. Vor die Wahl gestellt, ob Sie eine faule Stunde auf der Fernsehcouch oder recht bekommen, entscheiden Sie sich als erschöpfte Eltern immer für Ersteres. Der Müdere gibt nach.

Wenn Sie nur vor den Kindern streiten, dann werden Sie sich angewöhnen, sich Ihren Unmut kurz und leidenschaftlich an den Kopf zu schmeißen, um sich dann wieder dem Schmieren der Käsestulle zuzuwenden, statt sich mit Anwaltskosten und aufwendigem Kofferpacken aufzuhalten. Das spart Zeit und Nerven.

Heute verbringe ich die so gewonnene Zeit mit Franka, Cord und Jojo im »Café Pause«. »Und was mache ich, wenn ich noch keine Kinder habe?«, will Jojo wissen und errötet. Frankas und meine Blicke heften sich auf sie. In Sekundenschnelle registrieren wir das alkoholfreie Bier vor ihr, doch Cord erklärt unbeschwert: »Ach was, Kinder gibt's wie Sand am Meer. Geh einmal am Samstagnachmittag zu ›McDonald's‹ – es sind immer mehr, als einem lieb sind.«

Tatsächlich muss Kinderlosigkeit Sie nicht von einer erfüllten Partnerschaft abhalten. Vermutlich warten mithilfe dieser Regel sogar harmonische Zeiten auf Sie, denn bevor Ihr Liebster sich abends um kurz nach neun auf die Suche nach dem passenden Alibi-Kind macht, behält er seine Meinung lieber für sich und bringt den Müll selbst runter.

Und wenn Ihnen die Idylle nach einer Weile zu viel wird und Sie sich nach einem handfesten Krach sehnen, steht es Ihnen immer noch frei, sich von guten Freunden was zu leihen, sozusagen »Aktion Teil-Kind e.V.«. Ich bin sicher, dass junge Eltern Ihnen ihre Drillinge gerne mal für ein Wochenende überlassen.

Heiraten Sie nicht ohne den röhrenden Hirsch

Meine Freundin Jojo ist ADAC-Mitglied, Ebay-Expertin und seit letztem Jahr gegen Röteln geimpft. Ab Mai wird sie zusätzlich Ehefrau sein, denn plötzlich will Basti unbedingt heiraten. Natürlich freu ich mich für die beiden, auch wenn es mich misstrauisch macht, dass er am Morgen nach dem Antrag als Allererstes eine kostenlose Partner-Bahncard für sich und erst im Anschluss daran das Aufgebot bestellt hat.

Jojo hat sich augenblicklich in die Vorbereitungen gestürzt. Sie hält es für selbstverständlich, dass ich ihre Trauzeugin werde. Ich halte es für selbstverständlich, in dieser Position ein wachsames Auge auf die frisch Verlobte zu haben, zumal sie sich in letzter Zeit irgendwie seltsam benimmt. Gemeinsam streifen wir durch die Geschäfte, um ein Brautkleid zu finden, das nicht so schrecklich doll nach Brautkleid aussieht. Wie sagt Franka immer: »Trauzeugen sind eheliche Beipackzettel, die rechtzeitig noch einmal auf die Risiken und Nebenwirkungen hinweisen.«

»Hast du dir das gut überlegt?«, frage ich deshalb pflichtbewusst und wie es meine Rolle verlangt. »Jede dritte Ehe wird geschieden!«

»Da es erst meine erste ist, lässt mich das kalt«, murmelt Jojo geistesabwesend und hängt einen cremefarbenen Hosenanzug mit Bundfalten zurück auf die Stange. »Außerdem habe ich zurzeit andere Sorgen«, fügt sie hinzu und stürzt auf die Kundentoilette.

Die hat sie tatsächlich, denn Jojo plant Liebesschwüre vor laufender Videokamera, dazu Partystimmung bis weit nach Mitternacht, 24 Grad im Schatten und ein indisches Spezialitäten-Buffet, von dem man noch in hundert Jahren spricht.

Kein Wunder, dass meine Freundin derzeit etwas neben sich steht. Eine stilvolle und dennoch unkonventionelle Hochzeit erfordert einen Planungsmarathon, den höchstens jemand wie Joschka Fischer mehrfach über sich ergehen lässt. Nur jemand wie er, der es gewohnt war, mit Auslandseinsätzen, Gesetzesvorlagen, unwilligen Parteipubertierenden und Körperfettanteilen gleichzeitig zu jonglieren, schafft es ganz souverän, hundertsiebenundzwanzig Tischkärtchen im rechten Winkel auszurichten und die Länge seiner Begrüßungsrede so zu dosieren, dass das Hirschragout heiß auf den Tisch kommt.

A propos Hirsch, genau das ist momentan Jojos ärgstes Problem. »Ich will meine Hochzeit schließlich nicht

in einer verrauchten Dorfkneipe feiern, in der Achtzig-
jährige fachsimpeln, wie sie zum Wettbewerb ›Unser
Dorf soll schöner werden‹ den türkischen Imbiss aus
der örtlichen Kulisse kriegen«, sagt sie. »Über der Kü-
chentür hängt ein klebriger Fliegenfänger und an der
Wand der obligatorische röhrende Hirsch, nein danke!
Es gibt nichts Spießigeres als Jagdszenen.«

Doch wie ein Fluch verfolgen sie Jojo und hängen
in Öl gemalt und in Gold gerahmt überall dort, wo
man sein Ja-Wort feiern könnte. Egal ob im Emsländer
Saalbetrieb oder im schmucken Landschlösschen in der
Eifel, ja selbst in der Gästetoilette der hippen Szene-
bar in Düsseldorf, in der sich meine Freundin jetzt zum
dritten Mal übergibt, sucht sich das paarungswillige
Rotwild eine freie Wand. Nein, in einer solchen Atmosphäre kann und will Jojo ihre Hochzeit nicht feiern!

Zwei Monate später wird dennoch geheiratet. Basti hat
im letzten Moment einen alten Leuchtturm angemietet,
der im Internet mit seinem »romantischen, unkoventio-
nellen Flair« für Familienfeiern wirbt. Ich als Trauzeugin finde, der Aufwand hat sich gelohnt. Alles in allem
habe ich auf dieser Hochzeit mehr für meine Zukunft
gelernt als auf der teuren EDV-Fortbildung in Köln.
Denn als die Gäste sich gerade mit einem Glas Sekt
auf den vier Etagen verteilten, entdeckte Basti plötzlich den kleinen gerahmten Druck an der geschwun-

genen Leuchtturmwand im zweiten Stock. Tatsächlich, klammheimlich hatte es das röhrende Rotwild auf die Gästeliste geschafft. Die zurzeit so dünnhäutige Jojo war den Tränen nahe und ich um eine Erfahrung reicher:

> Es ist leichter, Marcel Reich-Ranicki von der
> erzählerischen Qualität der Gelben Seiten
> zu überzeugen, als eine Hochzeit ohne einen
> Hauch von Tradition zu zelebrieren.

Wenn Sie heiraten wollen, sollten Sie sich Ihre Kräfte deshalb für den notwendigen Behördenmarathon und die Hochzeitsnacht sparen, statt aus falschem Ehrgeiz heraus gegen Rituale zu kämpfen, die Mutter Natur seit Jahrtausenden so zelebriert:

- Ihr Onkel erzählt zum zehnten Mal die Anekdote vom plötzlichen Eisregen am Tag seiner eigenen Hochzeit.
- Die Kreissparkasse schickt Ihnen eine vorgedruckte Glückwunschkarte.
- Marion bringt ihren komischen Freund mit, und Ihr Bruder kotzt nach dem fünften Bier in den Vorgarten.

Tradition bleibt nun mal Tradition. Zum Glück hat Jojo sich durch die Hochzeitssuppe, den Schleiertanz in der Leuchtturmkuppel und die witzige Showeinlage ihrer

Kollegen wieder aufmuntern lassen. Als Bastis Schwester total betrunken die enge Wendeltreppe heruntergetorkelt kam, Arm in Arm mit Ruben, den sie letztens ihrer besten Freundin ausgespannt hat, konnte die Braut sogar wieder lachen: »Was Neues, was Altes, was Blaues und was Geliehenes – es ist alles da!«

Tatsächlich, selbst an die druckfrische Partner-Bahncard hatte ihr treu sorgender Ehemann gedacht, als die beiden am nächsten Tag den ICE nach Wien bestiegen.

Abgeschreckt

Eine Woche später schneit plötzlich Cord bei mir herein. Das passiert nur noch selten, seit er eine feste Freundin hat. Heute schickt ihn der Himmel, denn ich hänge in der Küche gerade Wäsche auf und das ist – außer Bastis heiß geliebten Dia-Abenden – die langweiligste Sache der Welt.

»Wenn du mir hilfst, bin ich in fünf Minuten fertig und wir gehen auf ein kühles Hefeweizen in den Gretchen-Biergarten, ja?« Zögerlich greift Cord in den Wäscheberg und druckst herum. Da ist doch irgendwas im Busch?

»Nadine will, dass wir zusammenziehen.«

»Oh, wie schön. Und, wirst du das tun?«

»Ich weiß es nicht. Ich habe die ganze Nacht wach gelegen. So ein Schritt will wohlüberlegt sein.«

Wo Cord recht hat, hat er recht. Ganz egal, wie lange man sich vorher kannte, erst mit einer gemeinsamen Wohnung legt man sich verbindlich fest. Plötzlich muss man sich selbst über so intime Dinge wie die bevorzugte Marke Toilettenpapier verständigen. Diese Art von Nähe liegt nun mal nicht jedem.

»Wie ist das mit dir?«, fragt Cord. »Hast du es nie bereut, nicht mehr auf dem freien Markt zu sein?«

»Was glaubst denn du?«, gebe ich amüsiert zurück, während ich die Socken meines Liebsten zum Trocknen aufhänge.

»Na ja, was ich sehe, ist, dass man euch nach 22 Uhr nicht mehr anrufen darf, und dass du heutzutage mit Jens genauso engagiert über einen Beutel Ikea-Teelichter diskutierst, wie du es früher mit dem Türsteher im ›Maxi's‹ über sein rechtsextremes Weltbild getan hättest. Aber das überrascht mich nicht. Fast alle Pärchen werden nach einiger Zeit genau so wie die Leute, über die sie früher nur den Kopf schütteln konnten. Seltsamerweise scheint das trotz allem kaum jemanden ernsthaft zu stören.«

Eine Weile zupft er betont lässig an einem Kinderschlafanzug, doch dann bricht es plötzlich aus ihm heraus: »Schau dich an! Wenn wir uns auf ein Bier treffen wollen, holst du erst mal den Terminplaner raus. Früher warst du für jeden Spaß zu haben, da konnte man mit dir Pferde stehlen. Heute brauchst du einen Babysitter und erkundigst dich vorher beim Veterinärsamt.«

Cord holt tief Luft. Dann zeigt er auf die Wäsche und meint finster: »Und einem Mann seine Socken aufzuhängen, so etwas hättest du im Leben nicht gemacht!«

»Hab ich dich abgeschreckt?«, frage ich, immer noch mehr amüsiert als gekränkt und lege den Arm um ihn. Statt mir zu antworten, nimmt er meinen Kopf in seine Hände und küsst mich. Ist es Absicht? Oder ein Versehen? Spinne ich? Verstricke ich mich in den verwirrten Fantasien einer Frau, deren eingespieltes Liebesleben sich nach einem kleinen Abenteuer sehnt?

Schon im nächsten Moment zerrt Cord wieder an einem tropfnassen Bettbezug, ganz so, als sei rein gar nichts geschehen, und gedankenverloren sagt er: »Ich weiß auch schon, wo der Wäscheständer stehen wird. Nadine hat da nämlich bereits ganz genaue Vorstellungen.«

Ich hoffe, Nadine wird glücklich mit meinem alten Kumpel, diesem bindungsscheuen Prinzen in Turnschuhen, der zwar süße Postkarten schreiben kann, aber aus heiterem Himmel cholerisch wird, sobald auch nur jemand ungefragt an seine Plattensammlung geht.

Nachwort: So leicht ist das

»33 Leitsätze, ich finde, das sollte reichen«, meint Franka und lässt einen Stapel bekritzelter Karteikarten vor Jojo und mir auf den Cafétisch klatschen. Mit zufriedenem Nicken nehmen wir das kostbare Ergebnis unserer Frühstücksgespräche in Augenschein. Da vor uns liegt er also, der Beweis, dass sich ein paar handfeste Verhaltensregeln und Spontaneität in der Liebe nicht automatisch widersprechen müssen.

»Weißt du noch, wie skeptisch du warst?«, erinnert sich Jojo und schaut mich an. Ich nicke, und Franka erklärt großspurig:

»Mit Willensstärke und den richtigen Argumenten geht selbst ein Elefant durchs Nadelöhr, Mädels. Welcher Frage gehen wir als Nächstes nach? Außenpolitik? Klimawandel? Oder Nagelpflege?«

Die Stimmung steigt. Schnell schwirren die abenteuerlichsten Ideen durchs Lokal, und der feminine Größenwahn thront selbstzufrieden an der Theke und nippt an seinem Latte Macchiato. Ich hingegen sitze ungewohnt schweigsam neben meinen Freundinnen und hänge meinen eigenen Gedanken nach.

Ich will nicht undankbar erscheinen. Natürlich ist mir bewusst, wie hilfreich bewährte Ratschläge sind. Deshalb diskutiere ich mit Franka ebenso offen über mein Gefühlsleben wie mit unserem Paartherapeuten oder der Fachbuchverkäuferin aus der Abteilung »Lebenshilfe«. Doch heute zählt nicht einmal deren Meinung, und so winke ich ungeduldig nach der Rechnung.

Viel zu lange habe ich mich jetzt mit anderen über Gott und die Welt der Liebe unterhalten, und von einem Moment zum anderen überfällt mich eine kaum noch gekannte Sehnsucht nach Jens. Ein Kärtchen fehlt nämlich noch in meiner persönlichen Sammlung:

Regeln gibt es wie Sand am Meer.
Was wahr ist, bestimmen nur Sie beide.

Denn auch wenn wir eifrig Ratschläge sammeln wie andere Leute ihre Ü-Ei-Figuren, irgendwann kommt jedes Mal der Punkt, an dem uns die Meinungen anderer egal werden. Mal ehrlich, im Zweifelsfall weiß unser Bauchgefühl am besten, was für Jens und mich wichtig ist. Selbst und gerade dann, wenn es nicht mit dem übereinstimmt, was uns verkniffene Moralisten predigen.

Sie wollen wissen, was es sagt, das Bauchgefühl? Hören Sie doch selbst hin. So leicht ist das.

Register